AF742113

ÉCONOMIE ET DÉVELOPPEMENT EN AFRIQUE

LA CONTRADICTION PRINCIPALE

L'Afrique qui se bat

Collection dirigée par Lazare KOFFI KOFFI

Depuis deux décennies une nouvelle Afrique se dessine. Une Afrique qui rebondit et veut surmonter les séquelles de l'esclavage et de la colonisation. Cette nouvelle Afrique, indépendante, veut pleinement prendre son destin en main et refuse le dictat extérieur sous ses formes idéologiques, politiques et économiques. Dans cette dynamique elle entend maîtriser les rênes de son développement en se mettant à l'abri des multinationales qui, au nom de la mondialisation, réorganisent leurs hégémonies planétaires en piétinant sa souveraineté et en planifiant des conflits qui déstabilisent les
États.
L'ambition de cette collection **l'Afrique qui se bat** est de faire connaître et d'encourager le combat des Africains pour le respect des indépendances et des souverainetés des États africains, ainsi que leurs efforts dans la construction du panafricanisme.
L'Afrique qui se bat veut soutenir et amplifier la lutte contre tout déterminisme et toute fatalité réductrice. Cette collection entend rassembler et valoriser toutes les initiatives des Africains dans les domaines culturel, intellectuel et scientifique pour libérer leurs compatriotes des complexes de colonisés, des maladies endémiques, de la malnutrition, de l'ignorance et de la mal-gouvernance.

Déjà parus

Lazare Koffi Koffi, *Les animaux sauvages se mangent entre eux,* 2018.
Jean Kouadio Améa, *Cris séditieux,* 2018.
Jean-Claude Djéréké, *L'Afrique doit être libre et souveraine,* 2017.
Lazare Koffi Koffi, *Côte d'Ivoire. L'évangélisation du Sanwi. 1637-1960,* 2017.
Robert-Jonas Kouamé Bibli, *Côte d'Ivoire. Vers un nouvel ordre plus juste,* 2017.
Lazare Koffi Koffi, *S'il y eut un soir, il y aura un matin,* poésie, 2017.
Lazare Koffi Koffi, *Méditations silencieuses*, poésie, 2017.
Blaise Guéi Tiéoulé, *Otages,* roman, 2016.
Lazare Koffi Koffi, *Côte d'Ivoire. L'énigme des 3000 morts. La France au cœur du génocide ivoirien,* 2016.

Justin KONÉ KATINAN

ÉCONOMIE ET DÉVELOPPEMENT EN AFRIQUE

LA CONTRADICTION PRINCIPALE

Préface de Pierre KIPRE

L'Harmattan

Du même auteur

Côte d'Ivoire. L'audace de la rupture, L'Harmattan, Paris, 2013.

Idéologie, conscience et combat politique en Afrique, L'Harmattan, Paris, 2015.

© L'Harmattan, 2018
5-7, rue de l'École-Polytechnique, 75005 Paris

http://www.editions-harmattan.fr

ISBN : 978-2-343-15991-1
EAN : 9782343159911

A feu Gninan Alphonse KONE mon père
A feue KONE Télétien ma mère
A mon épouse et à mes enfants

« Ami, entends-tu le vol noir des corbeaux sur nos plaines ?
Ami, entends-tu ces cris sourds du pays qu'on enchaîne ?
Ohéé, partisans, ouvriers et paysans, c'est l'alarme ;
Montez de la mine, descendez des collines, camarades,
La haine à nos trousses et la faim qui nous pousse, la misère ;
Ami, si tu tombes un ami sort de l'ombre à ta place ;
Chantez compagnons, dans la nuit, la Liberté nous écoute »

Extrait du chant des partisans (1943).

PREFACE

Nous avons ici un autre livre qui aborde de front, exemples pratiques à l'appui, la question essentielle de la souveraineté, autre que juridique ou institutionnelle, des Etats africains. Près de soixante ans après « les soleils des indépendances », beaucoup s'interrogent encore sur la capacité de l'Afrique à conduire elle-même son destin. Le livre de Justin Koné Katinan que voici tente, avec bonheur, de nous ramener à l'essentiel, sans fioriture et avec les armes de la dialectique marxienne, celle de la contradiction principale du développement dans la présente étape historique.

Le défi théorique est grand, mais non insurmontable. L'auteur l'aborde à partir de l'analyse des politiques économiques de cinq Etats africains dont le choix n'est pas anodin (Ghana, Côte d'Ivoire, Algérie, Gabon, Maroc). Sa réponse est fondée, argumentée : la question de la souveraineté est la contradiction principale de la situation africaine aujourd'hui.

Lorsqu'il est abordé par de nombreux analystes politiques, le concept de souveraineté est mis en liaison étroite avec la construction de l'Etat-nation, son organisation interne, sa visibilité et son positionnement externe. Au nom de la « mondialisation » contemporaine et d'un hypothétique « village planétaire », les pourfendeurs de l'Etat-nation ont tôt fait, aujourd'hui, de trouver « ringard » l'attachement ou la référence à la souveraineté.

C'est aller vite en besogne ; car, prosaïquement, même dans un village, chaque quartier, comme chaque famille, a une histoire spécifique. Celle-ci concourt à dessiner les contours de l'histoire du village et en fonde (ou non) l'évolution harmonieuse (ou non). Le nier est suspect et porteur d'un discours (ou d'une intention) caché (e) de domination idéologique. Car, en définitive, la souveraineté n'est pas simplement une question « juridique » d'autodétermination et de liberté d'expression ; c'est surtout celle de la capacité de faire des choix pour soi et d'assumer totalement ces choix, en conscience, à l'intérieur des frontières et à l'extérieur. Voilà pourquoi la souveraineté se situe en amont de la formation de l'Etat et irrigue celle-ci en permanence. A une compréhension étriquée et formelle de la souveraineté correspond toujours un Etat croupion, formellement « indépendant », mais en réalité dépendant.

Rappelons, à grands traits, l'histoire du concept de souveraineté, surtout en Afrique et pour ce continent.

Les nombreux travaux d'anthropologie politique sur l'Afrique, ces dernières décennies, permettent de distinguer globalement deux cas : celui des sociétés lignagères et celui des royaumes et empires d'avant 1885.

Dans le premier cas, malgré la diversité des situations (sociétés lignagères strictes, sociétés lignagères regroupées en confédérations ou sociétés lignagères initiatiques), le respect absolu du territoire villageois est une règle d'or. L'extension des règles sociales, politiques, économiques, dans le cas des confédérations et des sociétés initiatiques, n'y déroge qu'en fonction des termes retenus pour conforter la solidité plus ou moins active du regroupement. Même dans les cas, nombreux, de scissiparité d'un village ou d'un lignage, malgré la force des liens lignagers, les habitants du nouveau village restent « maîtres » chez eux. C'est ce qui explique que, même dans les cas de domination étrangère, le lien de sujétion au conquérant se résume généralement au versement d'un tribut, le reste de l'organisation politique, économique et culturelle continuant d'être du seul ressort des habitants du village soumis. Celui-ci jouit ainsi d'une large autonomie et garde intacte sa souveraineté interne.

Dans le cas des royaumes et empires, la longue histoire de l'Afrique montre que ces grandes entités politiques se sont construites sur un principe intangible ; c'est l'émergence et la consolidation d'un pouvoir monarchique, laïque ou politico-religieux, exclusif à tout point de vue sur un territoire conquis et organisé à cet effet. Les marges du royaume ou même des populations de traditions différentes peuvent avoir une autonomie certaine dans des domaines, à la condition de se soumettre au payement d'un tribut (biens matériels, esclaves, etc.). En fait, l'essentiel du royaume est sous l'autorité totale du pouvoir monarchique dont le devoir est de maintenir l'intégrité du territoire contre l'extérieur et, au besoin, d'assurer son extension. La souveraineté est perçue comme une donnée totale et exclusive. Le roi Hwégbadja, véritable fondateur du royaume fon d'Abomey à la fin du XVIIe siècle, résume bien cette conception de la souveraineté dans deux de ses *quarante-et-une lois* :

« *La terre de Guédévi m'appartient désormais toute entière parce que c'est moi qui l'ai libérée du joug de Pahé. Mais si l'ensemble du sol dahoméen est ma propriété, je n'ai toutefois pas le droit d'en disposer selon mon bon plaisir....Mon bien est indivisible. Nul n'a le droit d'en réclamer le partage...* »

Sans donner lieu à une théorisation philosophique du concept, du nord au sud de l'Afrique jusqu'à la fin du XIXe siècle, les exemples de cette compréhension de la souveraineté des peuples sont légion (empire du Mali, empire songhaï, royaume ashanti, empire yorouba, califat de Sokoto, royaumes luba ou zoulou, royaume chérifien du Maroc, etc.). C'est sur cette base idéologique venue du fond des âges que les peuples africains ont affronté la conquête européenne, surtout à partir des années 1880. Ces pré-requis expliquent leurs résistances à cette conquête et sont illustrés par les exemples comme celui du roi ouolof Albury Ndiaye, qui, de 1881 à 1898, mena la lutte contre les Français, du Sénégal au nord du Nigeria.

À la même époque, le concept est loin d'être sans objet en Occident ; bien au contraire. Il est au centre des théories politiques qui, du XVIe au XXe siècle, fondent l'évolution de la pensée politique et de l'organisation des rapports internationaux dans cette partie du monde, avant de s'étendre au monde.

En effet, c'est d'abord pour échapper à l'emprise du pouvoir ecclésiastique sur le pouvoir monarchique qu'en 1583 Jean Bodin élabore la première théorie sur la nature de la « *puissance souveraine* ». Il s'agit, pour lui, de substituer un ordre nouveau à un ordre ancien fondé sur le caractère sacré de la puissance politique (la *plenitudo potestatis* de la vision de l'Église de ce temps) ; cet ordre nouveau sera fondé sur la puissance humaine, donc profane ; car, l'Etat, ce fondation humaine, est un produit de l'histoire des hommes et repose sur la « *force et la violence* ». Ainsi, premier théoricien du concept et premier penseur à avoir tenté de « laïciser » le politique dans une Europe fortement soumise à l'influence de la religion chrétienne, Jean Bodin ouvrait la voie à une réflexion qui marquera toute l'histoire de la pensée politique jusqu'au XXe siècle.

Les philosophes des XVIIe (Hobbes, Locke notamment), XVIIIe (Rousseau, Kant, Hegel, etc.) et XIXe (Marx, Jellinek, etc.) siècles ont, sur de nombreux points, débattus et approfondis, donné consistance large au concept. Celui-ci, rattaché aux droits de l'homme (Kant, J.J. Rousseau) ou non (Hegel) et étroitement tributaire de l'Etat lui-même dont la détermination fondamentale « *est l'unité substantielle comme idéalité de ses moments* » (Hegel), a deux dimensions. La première est interne. Elle se traduit par la libre organisation des pouvoirs internes et l'exercice de l'autorité sur toutes les parties du territoire. Jusqu'au XXe siècle, la souveraineté est au cœur de controverses entre tenants d'un ordre politique autoritaire (C. Schmitt, pour qui « *est souverain celui qui décide de la situation exceptionnelle* ») et défenseurs de l'ordre démocratique (J. Habermas, par exemple, établit un lien nécessaire entre Etat de droit et démocratie). La seconde est externe en cela que, à travers elle, les autres Etats lui reconnaissent le droit à l'existence et à des choix libres dans le concert des Nations, en fonction de ses intérêts propres.

Si les traités de Westphalie (1648) ont, au plan diplomatique, fondé la reconnaissance théorique de l'Etat-nation comme pièce maîtresse des relations internationales en Europe, les guerres sur ce continent, jusqu'à la Seconde Guerre mondiale, ont eu pour objet principal le respect ou non de la souveraineté de chaque Etat ; et l'essentiel des révolutions, de la fin du XVIIIe siècle au XXe siècle, tourne autour des fondements du pouvoir unique dans l'Etat laïc (le monarque ou le peuple).

Après la Seconde Guerre mondiale, avec la création de l'O.N.U., l'universalité des thèses occidentales sur le concept ne fait plus de doute : l'Etat, ordre politique essentiel des peuples, est la mesure laïque de la liberté des peuples ; sa souveraineté est totale sur son territoire et il est reconnu libre et souverain par l'ensemble des Etats-nations regroupés au sein de l'Onu. La volonté de dépassement du choc des Etats-nations a été à la base de la construction européenne, sans pour autant nier la souveraineté de chacun. Le concept reste donc essentiel dans la compréhension de l'histoire des cinq derniers siècles. En Afrique, il continue d'être au cœur de la construction et de la consolidation des Etats nés de la colonisation européenne à partir des années 1950.

C'est, déjà à la fin du XIXe siècle, notamment avec le constat d'échec de la recomposition politique des Etats africains autant que celui des résistances à la conquête européenne, que commence le basculement théorique de la perception africaine de la souveraineté dans un sens influencé par la pensée occidentale : J. W. Sew et Casely Hayford, au sein de l'« *Arborigines'Rights Protection Society* » de Gold-Coast en 1897, sont en rupture avec la conception « charismatique » ou « traditionnelle » ou « politico-religieuse » du pouvoir africain du XIXe siècle.

Mais, c'est surtout après la Première Guerre mondiale, dans les années 20-30, que s'étend l'influence des conceptions occidentales (cf. les nombreux courants « *Jeunes Africains* » dans des colonies françaises et britanniques), avant de totalement éclore après la Seconde Guerre mondiale, avec l'élan nouveau que des leaders (K. Nkrumah, N. Azikwé, Messalli Hadj, Cheick Anta Diop, Majmouth Diop, etc.) donnent au courant panafricaniste né au début du siècle. Dès lors va se constituer, petit à petit, un nouveau discours africain de la souveraineté, lié étroitement à la revendication d'indépendance des colonies européennes d'Afrique. Trois traits marquent cette perception africaine de la souveraineté : l'affirmation de la spécificité culturelle et des valeurs africaines ; le droit inaliénable des peuples africains à la liberté totale et à son respect par les autres peuples ; l'obligation du regroupement des peuples africains pour défendre leur liberté dans toutes ses dimensions. C'est à la fois une rupture et une continuité avec l'ordre ancien.

C'est sur cette base idéologique que, au terme de batailles politiques et de luttes de libération nationale, apparaissent les

Etats africains contemporains à partir de la fin des années 50. La souveraineté de ces Etats est-elle pour autant respectée ?

Le livre de Justin Koné Katinan nous donne les clés d'une analyse nouvelle. Il s'écarte de la traditionnelle litanie sur les dénis de démocratie, les coups d'Etat et rébellions fomentés à l'instigation des anciennes puissances coloniales (ou avec leur aval) depuis 1962, les savantes démonstrations sur les jeux et enjeux de la scène africaine pendant et après la guerre froide, les condamnations malthusiennes de l'essor démographique de l'Afrique, etc. Son propos est plus direct.

À la fin du XXe siècle-début XXIe siècle, à regarder les performances économiques de nos Etats et les politiques mises en œuvre, l'auteur nous demande, à tous, si nous œuvrons pour notre souveraineté et comment ? Avons-nous (ou voulons-nous) rompu avec les véritables liens d'asservissement que l'Occident, à travers son système de domination, a mis en place sur notre continent au moment même où il acceptait que nous nous constituions en Etats modernes ? Tant que réponse adéquate et actions pertinentes ne seront pas données à ces questions, l'essentiel de notre présence au monde tournera autour de la question de la souveraineté. Et celle-ci reste essentielle et toujours actuelle. Voilà pourquoi l'auteur se risque lui-même à proposer quelques pistes pour l'action souveraine.

Merci à l'auteur qui donne à réfléchir à tous les Africains et pas seulement qu'aux Ivoiriens. Lisons ce livre passionnant.

Cotonou, le 12 janvier 2018
Professeur Pierre Kipré
Membre statutaire de l'A.S.C.A.D./Côte d'Ivoire
Ancien ambassadeur
Ancien ministre

AVANT-PROPOS

Nous proposons, à travers ce troisième livre, la suite de notre réflexion sur une philosophie et une approche nouvelle de la politique prise dans son sens étymologique. Ainsi, après « *Côte d'Ivoire, l'audace de la rupture* » suivi, deux ans plus tard, de « *Idéologie, conscience et combat politique* », nous publions « *Economie et développement en Afrique. La contradiction principale* ». Ces différentes publications ne suivent pas seulement un ordre chronologique, mais un ordre rationnel dans la continuité de notre réflexion sur le renouveau que nous proposons.

Si, dans le premier ouvrage, nous posons le principe de la rupture avec l'ordre dominant imposé à notre continent, et que, dans le second, nous donnons un aperçu de l'ordre avec lequel nous devons rompre, dans la présente publication, nous proposons la matière sur laquelle doit porter le renouveau projeté. Nous inspirant fortement de la dialectique hégélienne et, à partir d'exemples vérifiables, nous expliquons pourquoi la souveraineté est la contradiction principale, au sens de la dialectique, du développement de l'Afrique. L'ordre westphalien, né en 1648, à la suite de la signature, par les puissances européennes, des traités de Münster et d'Osnabrück connus sous le nom de traité de Westphalie, n'est pas le fruit d'un hasard. Il est la conséquence d'un mouvement historique ponctué par plusieurs siècles de guerres entre les princes d'Europe. L'ordre westphalien apparaît donc comme un consensus minimum entre puissances de l'époque pour maintenir la paix en Occident. L'établissement de frontières suivant les découpages territoriaux, même s'ils ne prennent pas en compte tous les aspects socioculturels de tous les peuples, fait émerger, en même temps que la reconnaissance du pouvoir interne comme seule autorité éminente de l'entité territoriale ainsi établie, le concept de « l'Etat-Nation ». La conférence de Berlin de 1885 élargit, de *facto* et de *jure*, l'ordre westphalien à l'Afrique ; celui-ci, ici, sera consacré définitivement par la Charte de l'Oua qui prescrit la reconnaissance et l'intangibilité des frontières héritées de la colonisation et, donc, de la conférence de Berlin.

Or, depuis l'apparition d'acteurs internationaux qui contestent la suprématie des Etats en la matière, l'ordre westphalien est sérieusement menacé. Le capitalisme transnational, exercé par les multinationales qui financent à leur tour des Ong, compromet le concept même de « l'Etat-Nation ». Cette menace est plus forte sur les Etats africains qui sont pris dans un mouvement vertigineux actionné par leurs nombreux agresseurs historiques et contemporains qui se présentent sous différents masques. Ballotée dans tous les sens par des vents contraires, l'Afrique doit s'agripper sur un rempart solide pour éviter de sombrer dans la furie des eaux née de la tempête de la mondialisation. Ce rempart repose, à notre avis, sur un pilier fondamental, une pierre d'angle qu'est la souveraineté. La souveraineté est la conséquence, voire, l'expression achevée de l'ordre westphalien. Mais l'Afrique, nourrie par les nombreuses vicissitudes de son histoire et faisant face à une forte adversité extérieure, doit œuvrer inlassablement à donner une âme africaine à la notion de souveraineté. L'*Africanisme* que nous défendons, comme l'idéologie qui doit orienter la construction du renouveau projeté, repose sur la solidarité : la solidarité des faibles face à la menace des puissants. C'est cette solidarité qui donnera à la souveraineté, entendue pour l'Afrique, comme le libre arbitrage dans le choix de ses priorités, dans la définition des concepts essentiels de son mouvement historique et la restriction, jusqu'à leur suppression totale, des ingérences extérieures.

Nous remercions le professeur Pierre Kipré, professeur d'histoire, dont on connaît la rigueur scientifique et membre statutaire de l'Académie des sciences, des arts, des cultures d'Afrique et des diasporas (Ascad) créé le 1er septembre 2003 par le président Laurent Gbagbo. Malgré les nombreuses sollicitations académiques dont il est l'objet dans son exil, le professeur Pierre Kipré a accepté de relire, de nous faire partager ses observations et d'écrire la préface de ce livre. Son soutien fraternel et sa disponibilité nous ont été très précieux. Je lui dis, sincèrement et du fond du cœur, merci.

Le sage a raison de dire que chaque situation crée toujours une opportunité dont il faut tirer le meilleur profit. Il n'y a jamais de situation entièrement parfaite tout comme il n'y a jamais de situation totalement mauvaise. Il faut toujours tirer le meilleur parti de la bonne facette de chaque situation. C'est ainsi que l'exil nous offre l'heureuse opportunité de rencontrer plusieurs sommités académiques africaines et ivoiriennes. A travers le professeur Pierre Kipré, nous voulons adresser nos remerciements aux nombreux grands universitaires qui, contraints à l'exil, ont toujours été prêts à partager gracieusement leur savoir malgré les difficultés du quotidien des exilés. Merci professeurs, merci chers maîtres.

Nous exprimons notre sincère gratitude au ministre Lazare Koffi Koffi pour sa disponibilité. Merci cher aîné d'avoir mis ce livre en forme pour l'édition. Merci aussi pour l'abondance et la richesse de tes productions intellectuelles. Elles serviront pour la postérité, elles alimenteront l'histoire de notre lutte.

Ce livre est destiné au public et, comme tel, s'offre à la critique. C'est de la contradiction que nait le développement des choses suivant la dialectique hégélienne. Seul le dogme se soustrait, par sa nature, à la critique. Or le dogme ne sert que la cause de quelques dévots qui se soumettent volontiers à sa dictature. La théorie et l'action politique, qui évoluent constamment dans la contradiction, ne peuvent s'accommoder d'une simple adhésion admirative du monde. Bonne lecture.

Justin Koné Katinan.

INTRODUCTION

Parfois un détail, dans une œuvre cinématographique, une pièce de théâtre, un poème bien inspiré, en une séquence, un tableau ou un vers, résume, comme un raccourci saisissant, certaines interrogations de l'histoire humaine. Dans l'excellent film de Kevin Costner, « *Danse avec les loups* »[1], une séquence met en lumière un des grands paradoxes de la pensée économique d'aujourd'hui.

En effet, ce film montre la rencontre de deux mondes, le monde occidental et le monde indien, et l'opposition logique de leurs conceptions économiques. Dans les vastes plaines du Dakota, vivaient des Sioux, peuple indien. Ils vivaient de chasse et avaient conscience que leur survie dépendait de celle du gibier qu'ils chassaient. Ils se contentaient donc de tuer juste le gibier qui leur était nécessaire. Ils en étaient heureux. Le lieutenant John Dumbar (Kevin Costner), que l'armée américaine envoie en reconnaissance dans cette plaine pendant la guerre civile, découvre ce peuple indien et en tombe amoureux. Il vit avec eux et apprend beaucoup de leur mode de vie. Un jour, pendant une partie de chasse aux bisons (buffle d'Amérique), cette société indienne découvre, avec effroi, que l'armée américaine a tué plusieurs centaines de bisons, au-delà du nécessaire pour sa consommation, et a abandonné le reste des carcasses. Pour les Sioux, c'est un massacre inutile. Tout leur système économique est organisé autour de l'équilibre de l'écosystème. La dislocation de cet équilibre signifie la fin de leur civilisation.

La trame de cette œuvre cinématographique pose la quintessence de l'histoire, de l'économie et de la dichotomie entre économie développée et économie sous-développée. Cette dichotomie est le fondement de l'économie mondiale depuis plusieurs siècles. Dès la fin du Moyen-âge, à l'époque du mercantilisme, l'on opposait les économies « fortes », essentiellement d'Europe, aux économies « faibles » des

[1]*Danse avec les Loups, un* film de Kevin Costner, produit en 1990, inspiré de l'œuvre de Michael Blake , *Dances with wolves*, écrit en 1988 produit par Tig Production et Majic Films International .

autres parties du monde. C'est cette grille de lecture des économies du monde qui a justifié la conquête des océans et des mers par les puissances occidentales. Les idées généreuses de la christianisation d'un monde païen ou de la civilisation d'un monde perdu n'ont servi que de paravent pour cacher la portée hautement économique de l'expansion de l'Europe dans le reste du monde. Plus tard, dans la moitié du XXe siècle, apparaît, dans la littérature économique, le concept de développement ; qui se conçoit suivant la même grille de lecture que celle qui a prévalu pour désigner, pendant la période mercantiliste, les économies dites « fortes ».

Depuis que la bourgeoisie a renversé l'ordre politique et économique dominant du Moyen-âge, elle a conquis le monde par assauts successifs, tous portés par le capital. De l'esclavage à la naissance des proto-Etats africains en passant par la colonisation, partout la bourgeoisie capitaliste a imposé ses règles de jeux. En 1945, elle a donné une base légale à sa domination mondiale à travers la Charte de l'Onu et son système défaillant *ab initio*. Ses bras séculiers, qui opèrent dans les domaines économique, financier et monétaire (connus sous l'appellation d'institutions de Breton Woods), portent en eux, toute la philosophie capitaliste qui se bonifie par mues successives[2]. Vers la fin des années 80, cette philosophie a fait sa dernière mue, se donnant ainsi un aspect nouveau, pour mieux assurer son camouflage. Le nouvel ordre mondial, qui ambitionne de conduire le monde vers les objectifs de développement partagé pour le prochain millénaire n'est qu'une arnaque de cet ordre désuet qui se nourrit de la naïveté des plus faibles. Le monde contemporain y a assis toute la logique de sa gouvernance dans un mouvement corruptif de la conscience des peuples, notamment celle des peuples africains. Les conséquences qui sont liées à cette normalisation universelle de l'économie sont énormes pour le monde :

- Déstructuration climatique et environnementale ;

---

[2] Lire à ce propos Justin Katinan Koné, *Idéologie, conscience et combat politique*, L'Harmattan, 2015.

- Mouvements migratoires intenses des populations ;
- Généralisation de la violence pour le contrôle des richesses du monde ;
- Fanatisme et toutes les autres formes d'intégrisme ;
- Etc.

La standardisation de l'économie planétaire découle d'un monolithisme économique qui prend l'allure d'un dogme. L'uniformisation de la pensée économique a débouché sur la formation d'un modèle de succès de l'économie. C'est par rapport à ce modèle que les concepts dichotomiques « pays développés » et « pays sous-développés » trouvent tout leur sens.

Mais au fond, quelle est la portée de cette dichotomie ? Est-elle d'ordre matériel ou d'ordre mental ? Est-elle statique ou dynamique ?

Ces questionnements constituent la problématique majeure de la société africaine en ce XXIe siècle. En effet, tout laisse croire que le concept de « développement » et de « sous-développement » résulte d'un rapport de force comme le dit Walter Rodney dans son essai *How Europe underdeveloped Africa* (Comment l'Europe sous-développe l'Afrique) :

« Quand une société se trouve forcée d'abandonner tout le pouvoir à une société, cette situation constitue en elle-même une forme de sous-développement »[3].

Il s'ensuit donc que le passage du stade d'économie sous-développée à celui d'une économie développée n'est possible que par un renversement des rapports de forces ou du moins par l'acquisition, par le sous-développé, d'une certaine autonomie, elle-même, découlant d'une reconquête du pouvoir perdu. La capacité de l'Afrique à se définir par rapport au reste du monde est l'unique voie qui lui permet d'accéder à un système de développement qui lui soit propre en rupture avec le modèle qu'on lui impose. C'est pourquoi, la référence au film « *Danse avec les loups* » est loin d'être anecdotique. L'intrusion des Yankees dans la société des Sioux change l'appréhension que ces derniers avaient du mot

---

[3] W. Rodney, *How Europe underdeveloped Africa*, publication panaf, Lagos, 2009

bonheur. Leur société en sera bouleversée jusqu'à son extinction.

L'exemple de la société sioux constitue un pont qui permet de passer de celle-ci aux sociétés africaines prises au piège d'un engrenage conceptuel qui fausse la perception qu'elles ont d'elles-mêmes.

L'évolution de l'humanité est une vérité historique et cette évolution ne peut être le don d'une société à une autre. Loin s'en faut. Une société humaine peut inspirer une autre sur certains aspects, mais le libre gouvernement de ce peuple reste la seule énergie motrice de l'évolution de celle-ci. La prise en compte des données intrinsèques de la société, ce que les philosophes du matérialisme appellent la matière, qui s'oppose à la métaphysique reste une donnée essentielle de l'évolution naturelle de cette société. Contre les nombreux vents contraires qui ballotent le destin du continent noir, l'opposition, à la fois philosophique et idéologique, entre l'approche métaphysique des choses et des phénomènes dans leur évolution et leur conception matérialiste-dialectique, trouve un regain d'intérêt dans l'élaboration d'une théorie révolutionnaire en Afrique. Dans nos précédentes publications (*Côte d'Ivoire, l'audace de la rupture* et *Idéologie, Conscience et combat politiqu*e), nous posons une démarche en rupture avec les schémas stéréotypés d'une compréhension métaphysique de l'évolution de l'Afrique. Sous la dictature de la logique métaphysique, la base de l'évolution et les conditions de celle-ci forment une seule identité qui trouve ses explications dans la domination outrancière de l'extérieur, tant au niveau politique qu'au niveau économique et social. Le concept d'un ordre mondial régentant la vie des nations est l'illustration de l'acceptation métaphysique du développement du monde. Malgré une tendance de plus en plus forte de rupture avec l'ordre dominateur, force est d'admettre que l'élite politique africaine, notamment subsaharienne, continue de croire à la magnanimité du dominant-exploiteur pour assurer le développement du dominé, alors que celui-là tire sa puissance dominatrice de l'exploitation de celui-ci.

Notre volonté de rupture et notre foi inébranlable aux capacités naturelles de chaque peuple à conduire son propre destin nous amènent à revisiter la théorie du matérialisme-dialectique en ce qu'elle porte mieux notre conviction. Bien que le chemin qui attire notre préférence, que nous avons appelé l'*africanisme*,[4] ne soit pas entièrement identique au communisme, il n'en demeure pas moins pertinent que la théorie philosophique qui a engendré ce concept politique inspire également notre théorisation sur la rupture. D'autant plus que, comme Lénine, nous admettons que, « *sans théorie révolutionnaire, pas de mouvement révolutionnaire* »[5]

Posé de façon idéale par Hegel, mieux élaboré par Engel et Marx, implémenté par Lénine, Mao Zedong donne du matérialisme-dialectique sa meilleure acception.

Opposé à la conception métaphysique, le matérialisme-dialectique donne au développement des choses et des phénomènes sociaux une logique qualitative. Les bons qualitatifs opérés par chaque chose ou phénomène social sont nourris de l'intérieur par les contradictions qui animent la matière de la société ou de l'objet. L'influence extérieure conditionne certes cette mutation qualitative de la chose ou du phénomène, mais la base en est constituée par des changements internes de la chose ou du phénomène. Mao étaye cela par l'image contracté de la pierre et de l'œuf qui, bien que soumis à la même condition extérieure, évoluent différemment. En effet :

« *L'œuf qui reçoit une quantité appropriée de chaleur se transforme en poussin, mais la chaleur ne peut transformer une pierre en poussin, car leurs bases sont différentes* »[6].

Pour Mao, rien n'est statique, tout est dynamique ; une dynamique portée par les contradictions internes successives et évolutives au sein-même de la chose. Il s'ensuit qu'il ne peut y avoir de développement d'une chose ou d'une société sans contradiction. La contradiction a donc un caractère

---

[4] Se référer à *Idéologie conscience et combat politique* du même auteur.

[5]Lénine, *Que faire ?,* 1902 repris par Mao Zedong dans *La contradiction*, 1937 p. 16.

[6] Mao Zedong, *op cit*. p. 6.

absolu. Mais l'absolu de la lutte des contraires n'enlève en rien à la spécificité de chaque contradiction. En effet, le mouvement de chaque chose ou phénomène est porté par plusieurs contradictions qui sont interdépendantes les unes des autres, et se reconvertissent mutuellement entre elles sans fin. Malgré ce fourmillement de contradictions internes à chaque chose ou phénomène, l'observateur ou le dirigeant doit savoir distinguer, dans une vision multilatérale, la contradiction principale, conseille Mao. L'exercice n'est pas évident puisque, du fait de leur mutabilité, une contradiction principale d'un moment peut se transformer en contradiction secondaire à un autre moment et sous l'influence de certaines conditions. Il arrive parfois, souvent même, qu'une contradiction secondaire donne l'illusion d'en être la principale.

Dans le développement de l'Afrique, les luttes des contraires sont nombreuses. L'on peut relever entre autres :

- les anciennes puissances coloniales contre les souverainistes ;
- les adeptes de la collaboration contre les adeptes de la rupture ;
- les nationalistes contre les panafricanistes ;
- Les suivistes contre les « *innovistes* ».

Chacune de ces luttes internes anime le mouvement politique en Afrique.

Mais, à bien observer, l'on se rend compte que la question de l'auto-détermination de l'Afrique par rapport aux puissances extérieures est omniprésente dans toutes les contradictions qui animent le développement dudit continent. Pour notre part donc, la contradiction principale, celle qui doit attirer toute l'attention, est celle qui oppose les anciennes puissances coloniales, agissant par sous-traitance de ses relais internes, aux souverainistes. La souveraineté est le point focal de cette contradiction.

Grâce à une analyse des données factuelles et objectives, notre étude tend à démontrer, tenant compte de cette contradiction principale, en quoi la lutte pour la souveraineté de l'Afrique constitue le point d'orgue du développement de l'Afrique. Toutes les autres contradictions, aussi importantes qu'elles puissent paraitre, lui sont subordonnées.

La contradiction entre nationalistes et panafricanistes gagne en intérêt depuis la dernière décennie. Ce regain d'intérêt est la preuve qu'aucune contradiction n'est définitivement morte, pour reprendre l'expression de Lénine. Aujourd'hui, cette contradiction apparaît, à tort, comme la contradiction principale tant elle cristallise sur elle toutes les attentions, du fait des questions transversales comme le Franc Cfa par exemple. Mais, il ne faut point se méprendre. Une intégration africaine faite, entre eux, par des suppôts de l'impérialisme ne peut conférer une plus grande chance de développement au continent noir. Une intégration contrôlée de l'extérieur ne fera que renforcer la dépendance de l'ensemble intégré vis-à-vis de cet extérieur. C'est ce genre d'intégration qui correspond au modèle voulu par la mondialisation comme le souligne Farid Benyoucef lorsque, désignant les éléments qui participent de cette mondialisation, il inclut :

« L'intégration de pays à l'intérieur d'ensembles économiques, politiques et militaires plus ou moins homogènes, permet aux acteurs dominants de traiter avec un interlocuteur regroupé, au nationalisme dilué et obéissant à une chaîne de commandement unique permettant la transmission rapide des données, des règlements et des instructions »[7].

C'est en cela que la volonté du Maroc d'intégrer la Cedeao devient un cas d'étude intéressant, compte tenu de certains facteurs pertinents qui sont sous-jacents à cette intégration. C'est pourquoi, nous l'abordons comme illustration de ce que l'intégration africaine recherchée doit reposer, d'abord, sur une souveraineté absolue des pays africains.

---

[7] Farid Benyoucef : « L'Algérie face à la mondialisation : enjeux pétroliers et enjeux de développement » dans *l'Algérie face à la mondialisation, Conseil pour le développement de la recherche en sciences sociales en Afrique* (CODESRIA) Alger 2008, p.98 (article scientifique).

Le tout n'est pas d'identifier la contradiction principale, encore faut-il distinguer les armes nécessaires pour que le *souverainisme* sorte vainqueur de cette contradiction.

PREMIERE PARTIE

LA LUTTE POUR LA SOUVERAINETE : LA CONTRADICTION PRINCIPALE DU DEVELOPPEMENT EN AFRIQUE

L'étude comparative entre les économies de quatre pays, pris deux à deux en tenant compte de leur degré d'autonomie vis-à-vis de l'ancienne puissance colonisatrice, loin d'être empirique, illustre le fait que la souveraineté constitue le point de progrès du développement du continent noir.

CHAPITRE I
SOUVERAINETE ET SUCCES ECONOMIQUES EN AFRIQUE

L'on retiendra, d'un côté, l'étude symétrique de l'économie de la Côte d'Ivoire et du Ghana et, de l'autre côté, l'impact de la politique pétrolière de l'Algérie et du Gabon sur leur économie respective.

Section I : Etude comparative entre la Côte d'Ivoire et le Ghana

Le choix du Ghana et de la Côte d'Ivoire se justifie, d'une part, par leurs nombreuses similitudes, et, d'autre part, par les choix monétaires de chacun de ces Etats.

Il faut dire que la propagande d'une Côte d'Ivoire développée par rapport au Ghana n'est pas nouvelle. Dans la lutte contre le communisme et tout ce qui s'y apparentait en Afrique fraichement indépendante, la propagande sur les performances économiques de la Côte d'Ivoire a servi de moyen d'autocélébration du modèle de développement franco-africain. La Côte d'Ivoire s'est offerte comme vitrine de l'action de développement français en Afrique opposé au *Nkrumahisme* ghanéen, leader de l'expérience à la fois souverainiste, panafricaniste et surtout socialiste en Afrique. La propagande a prospéré à un niveau tel que la société ghanéenne s'y est laissé prendre.

Il a fallu notre séjour forcé en ces terres ghanéennes pour prendre la pleine mesure de cette propagande. Notre curiosité nous a fait visiter pratiquement tout le Ghana et nous a permis de constater que, à bien d'égards, ce pays a pris une longueur d'avance sur la Côte d'Ivoire. Il reste bien entendu qu'asseoir nos conclusions sur la base de simples considérations d'ordre visuel pourrait obérer la portée de nos jugements. Afin de mieux comprendre la situation économique des deux pays, nous nous sommes investis à en comparer les statistiques macro-économiques. Personnellement, nous ne croyons pas que ces statistiques donnent une photographie réelle de l'économie d'un pays, notamment les pays africains, du fait de l'influence négative de certaines pesanteurs socio-économiques. En effet, il est indéniable que l'économie des circuits incontrôlés appelés secteur informel impacte négativement la détermination d'une matrice comme le PIB et sa croissance. De même, la faiblesse de la fiscalité africaine, avec ses réseaux de passe droits tracés dans les codes d'investissements, réduit la portée de la croissance des économies africaines. Mais faute de mieux pour notre étude, nous nous référons donc aux dites matrices macro-économiques. En tout état de cause, les réserves ci-dessus relevées étant communes aux économies des deux pays, elles restent d'une influence très limite sur notre analyse.

Pour donner la plus grande neutralité à notre étude, il nous a paru nécessaire de recourir à une même source d'information sur les statistiques économiques utilisées. Cette source est l'Agence Wallon d'exportations et d'investissements étrangers (Awex). C'est une agence belge qui centralise toutes les données économiques des pays avec lesquels la Belgique entretient des rapports économiques. L'objectif de cette agence est de mettre à la disposition des entreprises belges les informations économiques de pays partenaires commerciaux de la Belgique afin d'orienter les investissements de ces entreprises vers les meilleures destinations. A quelques écarts près, ces chiffres macro-économiques sont plus ou moins identiques à ceux du Fonds monétaire international (Fmi) et de la Banque mondiale. Mais l'avantage qu'offrent les informations de l'Awex est l'unicité des méthodes de collecte et d'évaluation de ses données. En un tenant, elles vous donnent un tableau complet des données économiques de chaque pays. Cet avantage évite la comparaison entre des données de sources disparates.

L'économie de la présente étude se fera autour de deux axes majeurs :

- La présentation des tableaux macro-économiques des deux pays.
- L'analyse des dits tableaux.

I. Les tableaux des statistiques macroéconomiques de la Côte d'Ivoire et du Ghana.

Compte tenu du changement de régime intervenu en Côte d'Ivoire, notre approche observera deux moments. Le premier de 2009 à 2011 et le second de 2012 à 2015.

A- DE 2009 A 2011

PIB

PIB en millions de dollars américains à prix constants

Année	2009	2010	2011
Ghana	26 375,4	32 319,4	39 768,4
Côte d'Ivoire	24 277,5	24 884,5	25 381*

PIB par habitant en dollars américains

Année	2009	2010	2011
Ghana	2 808,8	3010,5	3442,9
Côte d'Ivoire	2 799,7	2 833,3	2 706,40*

Taux de croissance du PIB à prix constants

Année	2009	2010	2011
Ghana	4,85%	7,90%	14,05%
Côte d'Ivoire	3,25%	2,02%	-4,39%

Consommation

Consommation privée en millions de USD (à prix constants)

	2009	2010	2011
Ghana	20 430,7	25 250	24 437,3
Côte d'Ivoire	16 803,00	17 316,8	16 630,8

Taux de croissance de la consommation privée (à prix constants)

Année	2009	2010	2011
Ghana	-17,64%	23,59%	-3,22%
Côte d'Ivoire	-0,57 %	3,06%	-3,96

Investissements

Investissements en millions de dollars américains (à prix courants)

Année	2009	2010	2011
Ghana	5 015,2	6 209,5	8 996,7
Côte d'Ivoire	2 941,7	3 918,9	2 227,10

Taux de croissance des investissements (à prix constants)

Année	2009	2010	2011
Ghana	-16,69%	53,72%	27,38%
Côte d'Ivoire	-0,49%	2,45%	8,89%

Exportations

Exportation de biens en millions de USD (à prix courants)

Année	2009	2010	2011
Ghana	5 839,7	7 960,1	13 552,3
Côte d'Ivoire	11 168	11 410,2	12 635,2

Taux de croissance des exportations (à prix constants)

Année	2009	2010	2011
Ghana	7,62%	24,6%	30,14%
Côte d'Ivoire	9,3%	-4,08%	3,15%

Importations

Importation de biens en millions de USD (à prix courants)

Année	2009	2010	2011
Ghana	8 046,3	10 922,1	15 842,7
Côte d'Ivoire	6 911,2	7 788,6	6720

Taux de croissance des importations (à prix constants)

Année	2009	2010	2011
Ghana	-12,55%	20,97%	47,72%
Côte d'Ivoire	11%	13,53%	-24,83%

Balance commerciale

Balance commerciale en millions de USD

Année	2009	2010	2011
Ghana	-2 206,6	-2 962	-3 057,3
Côte d'Ivoire	4 256,8	3,621	5 915,15

Dette

Dette extérieure en millions de USD

Année	2009	2010	2011
Ghana	7 181,7	9 300,2	11 282,1
Côte d'Ivoire	13 430,8	10 664,8	12 334,4

Dette extérieure/PIB (%)

Année	2009	2010	2011
Ghana	27,23%	28,69%	28,37%
Côte d'Ivoire	55,32%	42,86%	48,6%

Taux d'inflation (%)

Année	2009	2010	2011
Ghana	19,25%	10,71%	8,73%
Côte d'Ivoire	0,93%	1,14%	5,10%

Taux de chômage

Ghana	non renseigné
Côte d'Ivoire	non renseigné

B- DE 2012 A 2015

PIB

PIB en millions dollars américains à prix constants

Année	2012	2013	2014	2015
Ghana	41 600,4	47 189,70	39 156,3	33 232
Côte d'Ivoire	27 098,60	31 062	33 677	28 787*

PIB par habitant

Année	2012	2013	2014	2015
Ghana	3 757,8	3 963,5	4 100	4 160
Côte d'Ivoire	2 980,10	3 209,80	3 440	3 630

Taux de croissance PIB

Année	2012	2013	2014	2015
Ghana	9,29%	7,31%	3,99%	3,57%
Côte d'Ivoire	10,67%	8,70%	8,17%	6,85%*

Consommation

Il s'agit de la consommation privée en millions de dollars américains au prix courants.

Année	2012	2013	2014	2015
Ghana	19 126,70	27 949,70	23 887	20 093
Côte d'Ivoire	19 240,30	23 237,30	25 462	22 135

Taux de croissance de la consommation privée

Année	2012	2013	2014	2015
Ghana	-21, 73%	46,13%	-14,54%	-15,88%
Côte d'Ivoire	15, 69%	20,77%	9,57%	-13,07%

Investissements

Investissements globaux en millions USD à prix courants

Année	2012	2013	2014	2015
Ghana	11 134,7	10 652	10 902,9	11 252
Côte d'Ivoire	4 175,2	4 658,3	5 125,9	5 462,6

Taux de croissance des investissements

Année	2012	2013	2014	2015
Ghana *	26,56%	-16,60%	-13,44%	-14,30%
Côte d'Ivoire	-2,07%	44,72%	9,88%	-13,77%

Exportations

Exportations de biens en millions de dollars américains à prix courants

Année	2012	2013	2014	2015
Ghana	13 552,3	13 751, 9	13 216,1	11 494,1
Côte d'Ivoire	11 832,70	13 247,3	15 099,4	12 235,5

Taux de croissance des exportations à prix courants

Année	2012	2013	2014	2015
Ghana	29,86%	8,44%	-1%	1,8%
Côte d'Ivoire	- 1,58%	7,77%	11,12%	6,59%

Importations

Importations de biens en millions de dollars à prix courants

Année	2012	2013	2014	2015
Ghana	17 763,2	17 600,3	14 566,2	13 362
Côte d'Ivoire	9 770	12 729	12 972	10 656

Taux de croissance des importations à prix courants

Année	2012	2013	2014	2015
Ghana	12,02%	2,27%	-2,5%	1%
Côte d'Ivoire	34,08%	14,83%	13,44%	10,21%

Balance commerciale

Balance commerciale en millions de dollars américains

Année	2012	2013	2014	2015
Ghana	- 4 210,9	-3 848,4	- 1 350,17	-1867,4
Côte d'Ivoire	2 063	518,1	2 127	1 577,8

Dette

Dette extérieure en valeur nominale et encours en dollars américains

Année	2012	2013	2014	2015
Ghana	12 567,9	15 831,5	16 508,9	17 607,4
Côte d'Ivoire	9 168	11 287,8	13 225,20	15 114,8

Dette extérieure /PIB %

Année	2012	2013	2014	2015
Ghana	30,21%	33,99%	42,16%	52,98%
Côte d'Ivoire	33,83%	36,34%	39,27%	52,51%

Taux d'inflation

Année	2012	2013	2014	2015
Ghana	7,12%	11,67%	15,49%	16,40%
Côte d'Ivoire	1,31%	2,57%	0,46%	1,60%

Taux de chômage

Ghana	non renseigné
Côte d'Ivoire	non renseigné

Source AWEX : Agence Wallon d'Exportations et aux investissements étrangers.

En dépit de certaines faiblesses relevées dans les statistiques ci-dessus, il reste indéniable qu'elles constituent une source intéressante de renseignements sur l'économie des deux pays voisins. Ils convient d'en relever les plus importants et de les interpréter.

II. Analyse des informations macro-économiques

Cette analyse se fera sous le double aspect économique et financier.

A- Du point de vue économique

De façon générale, les deux pays présentent la même structure économique. Leurs économies présentent plus ou moins les mêmes caractéristiques.

Sur le plan géographique, démographique et culturel, beaucoup de similitudes lient le Ghana et la Côte d'Ivoire.

Au plan géographique, le Ghana a une superficie de 238 537 km^2 et la Côte d'Ivoire 322 462 km^2.

La population ghanéenne est estimée à 26,8 millions et celle de la Côte d'Ivoire 22,7 millions d'habitants.

Les deux pays ont le même climat soudano-tropical marqué par la chaleur et l'humidité. Ils ont chacun une façade maritime.

Au niveau culturel, malgré le fait que ces pays aient été colonisés par deux puissances différentes (Angleterre et la France), la proximité et surtout la présence de populations communes aux deux Etats sur toute la longueur de la frontière qui les sépare définitivement depuis 1905, leur donnent une certaine homogénéité culturelle en ces parties, l'Ouest pour le Ghana et l'Est pour la Côte d'Ivoire. L'on note également que leurs parties nord présentent globalement une même identité culturelle. Le régime alimentaire desdites populations, par exemple, s'organise autour des féculents (manioc, igname et banane plantain) et des céréales (maïs, mil ou sorgho, le riz).

Au niveau des cultures de rente, le cacao constitue l'essentiel des exportations des deux pays. Les deux pays exportent les 2/ 3 du cacao mondial avec comme leader la Côte d'Ivoire (en moyenne 1,5 million tonnes l'an) suivie immédiatement du Ghana (0,5 million tonnes l'an). Mais il convient de relever que l'Etat ghanéen continue de centraliser l'exportation de son cacao alors que la Côte d'Ivoire a libéralisé cette exportation depuis la fin des années 90.

Les langues et les coutumes des populations, leur histoire jusqu'à la colonisation, sont souvent communes.

Ces généralités sont importantes pour comprendre et mieux expliquer certaines données économiques.

Il ressort toutefois, selon les statistiques, que depuis une décennie et demie, le Ghana produit plus de richesse que la Côte d'Ivoire et, ce, de manière continue. Le PIB global et celui par tête d'habitant sont plus élevés au Ghana qu'en Côte d'Ivoire. La tendance n'est pas renversée malgré la fin de la guerre en Côte d'Ivoire. L'écart s'est accentué à compter de 2010, le Ghana ayant, on pourrait tenter de le dire, tiré profit de la situation de crise de son voisin pour prendre de l'avance sur celui-ci. Il reste cependant que cinq ans après la fin supposée de cette crise, le Ghana continue de garder cette avance même si, ces deux dernières années, une tendance à la diminution de l'écart s'observe du fait de la détérioration des cours de l'or et du pétrole depuis 2014. La situation de guerre ne saurait expliquer, à elle seule, cette avance ghanéenne surtout qu'elle dure depuis pratiquement la fin des années 90. Il est indéniable que la stabilité politique du Ghana, depuis la fin des cycles de coups d'Etat, a permis à ce pays de se construire patiemment une économie plus ou moins solide. Et c'est la solidité de cette économie, axée sur la diversité, qui donne une grande avance au Ghana sur la Côte d'Ivoire. Pour s'en convaincre, il suffit de faire une lecture combinée de plusieurs statistiques.

La Côte d'Ivoire et le Ghana réalisent sensiblement les mêmes chiffres à l'exportation en dépit du fait que la Côte d'Ivoire produit, par exemple, le triple du cacao du Ghana, et bien d'autres produits agricoles dont l'huile de palme et l'hévéa, et que le Ghana exporte trois fois plus de pétrole brut que la Côte d'Ivoire (102 000 barils de pétrole par jour produit par le Ghana contre 33 000 pour la Côte d'Ivoire). Le Ghana exporte également plus d'or que la Côte d'Ivoire, et l'on sait que l'or a plus de valeur par unité de mesure que le cacao ou n'importe quel autre produit agricole. S'il est admis que les deux pays réalisent, en termes de recettes, sensiblement les mêmes résultats à l'exportation, il reste que les exportations participent moins à la richesse nationale au Ghana qu'en Côte d'Ivoire. Le tableau comparatif du rapport Exportations/ PIB illustre cette réalité.

Rapport exportations/PIB				
	2012	2013	2014	2015
Ghana	32,58%	29,14%	33,7%	34,58%
Côte d'Ivoire	43,66%	42,64%	44,83%	42,50%

L'exportation représente, en moyenne, 43,40% du PIB ivoirien contre 32,5% du PIB ghanéen. Dans les économies industrialisées, les exportations constituent normalement l'excédent de la consommation domestique. Mais dans les pays où l'économie ne repose que sur le secteur primaire, notamment les cultures de rente et les minerais, les exportations forment ce qui ne peut être transformé et consommé sur place. Donc, si le Ghana a un PIB plus élevé que la Côte d'Ivoire et exporte relativement moins que la Côte d'Ivoire, il est déductible que le Ghana produit, à l'intérieur, plus que la Côte d'Ivoire ; et les faits ne contredisent pas les données statistiques. En effet, au niveau des services, le Ghana offre plus de lits d'hôtels que la Côte d'Ivoire. Depuis la Coupe d'Afrique 2000, le Ghana a développé une véritable politique hôtelière pour accompagner son économie touristique. A cet effet, l'aéroport Kotoka d'Accra est l'un des plus desservis d'Afrique de l'Ouest. Avec 2 547 000 passagers en 2015, il devance celui d'Abidjan qui n'enregistre, à la même année, que 1 572 753 passagers. Au plan interne, plusieurs compagnies aériennes desservent régulièrement l'intérieur du pays. En Côte d'Ivoire, seule Air-Côte d'Ivoire, contrôlée en arrière-plan par le groupe Air-France, tente de desservir quelques villes de l'intérieur. L'essor du transport aérien intra-ghanéen ne se discute pas. Ce sont autant de services et biens qui bonifient la richesse ghanéenne. L'économie ghanéenne, parce qu'elle est plus diversifiée, domine l'économie ivoirienne.

Ramené par tête d'habitant, le PIB ghanéen est également plus élevé que le PIB ivoirien. Théoriquement, chaque Ghanéen est plus riche que chaque Ivoirien et cela se ressent sur l'indice de développement humain (Idh). Au tableau de l'Idh 2014 publié en décembre 2015, le Ghana progressait de 0,56 à 0,58/1 et occupait 136/186 dans l'ordre du plus grand Idh au plus petit, quand la Côte d'Ivoire régressait de 0,47 à 0,45 et passait de 171 à 172 sur les 186 pays classés.

Au niveau des investissements, sur les dix dernières années, le Ghana a effectué plus d'investissements que la Côte d'Ivoire. De façon continue, les investissements ghanéens représentent le double de ceux réalisés en Côte d'Ivoire. Que ce soient les investissements directs étrangers ou ceux faits par l'Etat, le Ghana devance largement la Côte d'Ivoire. A titre d'exemple, le Ghana a enregistré, au titre de l'année 2014 : 3,36 milliards de dollars américains d'investissements directs étrangers (Idh) contre 683,1 millions pour la Côte d'Ivoire. Pour la seule année 2014, les investissements privés enregistrés par le Ghana représentent le stock des investissements ivoiriens sur les quinze dernières années.

Au niveau des investissements publics portés par l'Etat, le Ghana reste également largement en avance sur la Côte d'Ivoire. Par exemple, toujours au titre de l'année 2014, sur un montant global des investissements de 10, 902 milliards de dollars US, les investissements publics sont de l'ordre de 7,5 milliards de dollars US alors que, pour la même année, les investissements publics ivoiriens s'évaluent à 4,3 milliards de dollars US. Soit un écart en faveur du Ghana de l'ordre de 3,244 milliards de dollars US. En 2015, la tendance s'est maintenue et même renforcée parce que le Ghana, qui fait face à une grave crise d'électricité et d'eau, a investi beaucoup dans ces deux secteurs, sans compter les grands travaux routiers dans tout le pays et ceux relatifs à l'assainissement des grandes villes, notamment, Accra.

Les investissements privés directs sont absorbés, en majorité, par le secteur pétrolier dans lequel le Ghana domine également la Côte d'Ivoire, avec 102 000 barils par jour contre 33 000 barils/ jour à la Côte d'Ivoire. Le Ghana reste indiscutablement la seconde économie de l'espace de la zone Cedeao. La résolution, par un tribunal spécial, du conflit frontalier au profit du Ghana ne fera que renforcer cette domination de l'économie ghanéenne. Ce conflit est né, l'on s'en souvient, de la découverte à proximité de la frontière maritime commune aux deux pays, de grosses réserves de pétrole et de gaz. Le rattachement du territoire litigieux au Ghana lui vaut également l'appropriation de ces réserves de pétrole et de gaz.

Mais à l'instar des pays africains dont l'économie est basée essentiellement sur le secteur primaire, les économies ivoirienne et ghanéenne font face aux mêmes défis majeurs. Elles sont incapables d'assurer un développement à long terme aux pays, et elles ont du mal à assurer la réduction de la pauvreté. Non seulement elles sont entièrement dépendantes de l'extérieur (sur ce point la Côte d'Ivoire y est plus dépendante) mais, en plus, elles produisent de très faibles valeurs ajoutées. Elles restent également tributaires des aléas climatiques et de la manipulation des marchés internationaux. La conséquence immédiate est que, malgré la croissance continue de leur PIB, tous ces deux pays font face à un taux de chômage énorme. Plus de la moitié de la population active n'a pas d'emploi et la fonction publique reste le refuge de l'écrasante majorité de ceux qui échappent au chômage. La masse salariale englobe la moitié des budgets des deux pays au détriment des secteurs sociaux qui restent en souffrance. Nominalement pris, les salaires du secteur public restent très faibles. Mais la masse salariale globale, comparée à la faiblesse des budgets, accentue la pauvreté. Il en sera ainsi aussi longtemps que la structure économique des pays africains s'organisera autour des matières premières. Il suffit, pour s'en convaincre, d'analyser les sources de financement des économies des deux pays.

B- Le financement des économies ghanéenne et ivoirienne.

Toutes les économies modernes, basées sur les principes du capitalisme, sont financées par deux sources : les ressources propres et les emprunts.

1) Les ressources propres des deux pays.

L'analyse des budgets des deux pays laisse apparaître une grosse faiblesse au niveau de la mobilisation des ressources internes qui se traduit par un faible taux de pression fiscale.

La pression fiscale est le ratio de prélèvements fiscaux et parafiscaux rapportés à l'ensemble de la richesse produite dans un pays. Elle se mesure par rapport au PIB. Plus le PIB est élevé, plus les recettes fiscales devraient logiquement être plus importantes. Dans les pays de l'Ocde, ce ratio est en moyenne de l'ordre de 33,7%. Il est de 40,6% pour la seule Union européenne en 2015[8]. Le tableau ci-dessous donne le ratio de la pression fiscale en Côte d'Ivoire et au Ghana en 2015.

	Ghana	**CI**
Prélèvements fiscaux (PF millions $)	5 612	5 140
Produit intérieur brut (PIB millions $)	33 232	28 787
Ratio PF/PIB	**16,88%**	**17,85%**

Tableau comparatif de la pression fiscale [9]

Les deux pays (Ghana et Côte d'Ivoire) ont réalisé sensiblement les mêmes recettes fiscales. Si le Ghana a mobilisé plus de recettes fiscales que la Côte d'Ivoire en 2015, ramenées au PIB, la pression fiscale ghanéenne est de moindre ampleur

[8] OCDE, statistiques des recettes publiques de 1965 à 2015.

[9] Statistiques des ministères des finances des deux pays.

L'Etat ghanéen capte moins de recettes comparées à son PIB que l'Etat ivoirien. En revanche, comparée aux pays de l'Ocde, il s'établit que la pression fiscale des deux pays est de très faible ampleur. Elle est pratiquement la moitié de celle des pays de l'Ocde. Cet écart s'accentue lorsque l'on limite la comparaison aux seuls pays de l'Union européenne dont la pression fiscale se situe autour de 40,6%. En termes chiffrés, en appliquant les taux de prélèvements des pays de l'Union européenne, le Ghana aurait mobilisé, pour la même année 2015, environs 13 293 millions de dollars américains (40% de 33 232) et la Côte d'Ivoire 11 514 millions de dollars américains (40% de 28 787).

Ces écarts permettent de mesurer la grande faiblesse des systèmes fiscaux africains. L'évasion fiscale, qu'elle soit illicite ou licite, réduit les recettes fiscales des pays africains. L'évasion illicite est portée par la fraude et la corruption à tous les niveaux de l'Etat tandis que l'évasion licite, quant à elle, est portée par les fameux codes des investissements qui accordent de nombreux avantages aux entreprises privées sans contrepartie réelle. A titre d'exemple, le taux de l'impôt sur les sociétés (Is), l'équivalent de l'impôt Bic en Côte d'Ivoire et au Ghana, est de 33,3% en France contre 25% dans les deux pays. Pourtant, il y a de loin plus de sociétés en France que dans tous les deux pays réunis. L'idée d'une réduction de l'impôt sur les sociétés pour en favoriser leur implantation en Afrique est une belle escroquerie montée par le Fmi et la Banque mondiale dans ses programmes d'ajustements structurels des années 90.Tous les pays africains se sont lancés dans des politiques concurrentielles d'élaboration de codes d'investissements très souples en espérant attirer le maximum d'investisseurs. Il est plus que jamais opportun de dresser le bilan, après plus de deux décennies d'application, de ces politiques de porosité fiscale. Tous les deux pays, Ghana et Côte d'Ivoire, du fait de la faiblesse de leurs prélèvements fiscaux, sont dans l'impasse financière. Pour en sortir, il n'y a que l'endettement pour financer leur économie, notamment, les besoins croissants en infrastructures routières et énergétiques sans compter celles relatives aux besoins sociaux. Ce que l'un ou l'autre des deux pays abandonne à vil prix comme recettes fiscales, il est obligé de l'acheter au prix fort sur le marché financier. Si l'on se réfère aux chiffres ci-dessus rappelés, dans l'hypothèse du taux moyen de prélèvements fiscaux de l'Union européenne, le Ghana s'ampute de 7 681 millions de dollars américains (13293-5 612) et la Côte d'Ivoire de 6 374 millions de dollars américains (11 514-5140). La conséquence immédiate est l'accumulation des déficits budgétaires comme le montre le tableau ci-dessous :

Soldes budgétaires du Ghana et de la Côte d'Ivoire de 2013 à 2015[10]				
	2013	2014	2015	2016
Ghana	-11%	-10,2%	-7,3%	-5,6%
Côte d'Ivoire	-2,3%	-2,3%	-3,2%	- 3,2%

Le Ghana a un fort déficit budgétaire même si la tendance est à sa réduction. La Côte d'Ivoire maintient son déficit budgétaire dans les limites des directives de l'Uemoa qui a copié, du fait de l'arrimage du Franc Cfa à l'Euro, le modèle de l'Union européenne qui limite le déficit budgétaire à 3% du PIB. Le maintien du déficit à environ à 3% du PIB est une tradition de l'Uemoa qui a été toujours, en théorie, respectée depuis la fin des années 90, et a continué tout le long des années 2000 malgré la situation de crise. Le Ghana n'étant pas dans un partenariat financier et monétaire contraignant, le gouvernement se donne beaucoup de liberté dans la gestion des finances publiques. Toutefois, tous les deux pays ont recours à des endettements massifs pour financer leurs budgets avec une très grande curiosité en ce qui concerne l'endettement de la Côte d'Ivoire.

2) L'endettement du Ghana et de la Côte d'Ivoire

Comparés à leur PIB respectif, le Ghana et la Côte d'Ivoire restent des pays surendettés, si l'on se réfère aux

[10] COFACE 2016

normes établies et admises par la communauté financiere internationale. Après la remise de leur dette, suite au programme Ppte, les deux pays ont reconstitué leurs stocks de dettes et se retrouvent dans la situation identique d'avant la remise de la dette. Prenons le cas de la Côte d'Ivoire qui a atteint le point d'achèvement de l'initiative Ppte le 30 juin 2012. A cette date, le stock de la dette ivoirienne représentait 48,6% du PIB. Après la réduction de la dette au point d'achèvement Ppte, ce stock est tombé à 30% du PIB. A la fin de l'année 2012, il est remonté à 33,38% du PIB, a suivi son ascension en 2013 et explosé à 52,51% en 2015. Aujourd'hui, la Côte d'Ivoire a dépassé le niveau d'endettement qu'elle avait avant le point d'achèvement Ppte. Compte tenu de l'évolution du PIB, le volume global de la dette en 2015 s'est accru de 22,5% par rapport à son niveau de 2011. Par rapport à 2012 (après la réduction suite au Ppte), l'accroissement de la dette est de 65% ({15114,8-9168}/9168). Dans le même temps, le PIB n'a cru que de 13,42% par rapport à 2011 et de 6,23% par rapport à 2015.

Comparée aux recettes fiscales de l'Etat, l'endettement ghanéen a connu la même courbe ascendante depuis que le Ghana a atteint son point d'achèvement de l'initiative Ppte le 1er décembre 2004 au point d'atteindre 52,98% du PIB en décembre 2015. Toutefois, le Ghana a mis plus de temps à reconstituer son stock de dettes d'avant Ppte que la Côte d'Ivoire. En d'autres termes, le rythme d'endettement de la Côte d'Ivoire est plus rapide que celui du Ghana. Il a fallu dix ans au Ghana pour absorber les gains du Ppte en termes d'endettement, et trois ans seulement pour la Côte d'Ivoire. Pendant les cinq années qui ont suivi son Ppte, le Ghana a enregistré une très forte croissance de son PIB, ce qui lui a permis d'accroître, de façon substantielle, ses capacités d'endettement. En effet, le niveau du PIB ghanéen de 2013 s'est accru de 79% par rapport à son niveau de 2009 ({47189,7-26375,4}/26375,4). Dans le même temps, le stock de la dette a accru de 120%. Mais compte tenu de l'accroissement substantiel du PIB, elle est restée de l'ordre de 36% du PIB.

Pour mémoire, le programme Ppte visait à ramener la dette des pays pauvres dans la proportion de 33%.

Par ailleurs, comparée aux recettes fiscales, la dette ivoirienne représente 294% ({15 114,8/ 5140}*100) des recettes fiscales et celle du Ghana représente 314% ({17 607,4/ 5612}*100) de ses recettes fiscales. Faut-il rappeler que parmi les critères qui ont déterminé les pays pauvres éligibles au mécanisme du Ppte, figure en bonne place le rapport entre la dette et les recettes fiscales du pays (sans don). Le seuil critique qui faisait entrer un pays dans la catégorie des pays pauvres très endettés était le niveau de la dette par rapport à ses recettes propres ; lorsque ce ratio atteignait 250%, le pays était considéré comme relevant de la catégorie des Ppte. Vus sous cet angle, l'on peut dire que le Ghana et la Côte d'Ivoire sont redevenus des pays pauvres très endettés. La même observation se lit au niveau de la faiblesse des exportations comparées au niveau de la dette.

Il s'ensuit, qu'à tout point de vue, la Côte d'Ivoire a liquidé les acquis du Ppte en moins de trois ans.

Par ailleurs, une inquiétude surgit à la lumière des données statistiques fournies par les économies des deux pays. Il s'agit de l'affectation de la dette. Et cette inquiétude est plus marquée du côté ivoirien. Il y a en effet, cette inadéquation entre dette publique et investissements (2-1) qui soulève quelques interrogations (2-2).

2-1. Inadéquation entre dettes et investissements publics.

Pour s'en convaincre, il convient de faire une lecture croisée des tableaux d'investissements et de ceux de la dette des deux pays.

Tableau des investissements de 2009 à 2011			
Investissements en millions de dollars américains (à prix courants)			
	2009	2010	2011
Ghana	5 015,2	6 209,5	8 996,7
Côte d'Ivoire	2 941,7	3 918,9	2 616,7

Dette			
Dette extérieure en millions de dollars américains			
	2009	2010	2011
Ghana	7 181,7	9 300,2	11 282,1
Côte d'Ivoire	13 430,8	10 664,8	12 334,4

Rapport investissements sur dettes de 2009 à 2011 (%)			
	2009	2010	2011
Ghana	69,83%	66,76%	79,74%
Côte d'Ivoire	21,90%	36,74%	33,85%

De 2012 à 2015				
Investissements globaux en millions de dollars américains à prix courants				
Ghana	11 134,7	10 652	10 902,9	11 252
Côte d'Ivoire	4 175,20	4 658,3	5 125,9	5 462,6

Taux de croissance des investissements				
Ghana *	26,56%	-16,60%	-13,44%	-14,30%
Côte d'Ivoire	-2,07	44,72%	9,88%	-13,77%

Le premier constat qui se dégage de la lecture de ces tableaux est que les investissements, dans les deux pays, se réalisent de façon exclusive grâce à l'endettement extérieur. Ces deux pays assurent la croissance de leur économie par l'endettement. Lorsque le pays a une capacité de financement à l'étranger qui est grande, plus le pays investit. Ce constat est illustré par la situation de la Côte d'Ivoire de 2009 à 2011. L'on sait que la situation de profonde crise ivoirienne a eu pour conséquence de ralentir les concours financiers extérieurs. Le gouvernement avait alors mis l'accent sur une gouvernance basée sur les efforts intérieurs dans le but d'atteindre le point d'achèvement du Ppte. Cette politique de désendettement, menée dans des conditions extrêmement difficiles pour le pays, avait abouti, en toute logique, à un ralentissement des investissements. L'on comprend alors pourquoi, à cette période, les investissements ghanéens ont pris une ascendance sur les investissements ivoiriens.

En revanche, il semble difficile de comprendre pourquoi, après que la Côte d'Ivoire a amélioré ses capacités d'endettement à compter de 2012 suite à l'annulation importante de sa dette, l'avance ghanéenne, en termes d'investissements, reste si écrasante telle qu'illustrée par l'écart entre les deux pays dans ce domaine. L'on remarque qu'il y a une augmentation régulière des investissements ghanéens depuis 2009. L'écart entre les investissements de 2015 par rapport à ceux de 2009 est de l'ordre de 6 milliards $ (11 milliards -5 milliards). Bien qu'observant la même trajectoire, le rythme de croissance des investissements ivoiriens est moins marqué que celui des investissements ghanéens. L'écart entre les investissements de 2015 par rapport à 2009 n'est que de l'ordre de 2,5 milliards $ (5,4-2,9).

Bien que n'étant pas très explicative en elle-même, pour les raisons que nous verrons immédiatement en dessous, l'évolution de la dette comparée à celle des investissements ne manque pas de soulever quelques questionnements.

2-2. Quelles explications ?

Il convient de compléter ce tableau avec le tableau comparatif de l'évolution des investissements et de celle de la dette à l'effet de mesurer l'impact des nouvelles dettes sur les investissements.

Il importe de préciser que le volume de la dette d'une année correspond au stock de départ, à l'ouverture de l'année budgétaire, augmenté des intérêts échus et des nouveaux prêts, le tout, diminué des remboursements et autres remises. Cela se résume dans la formule suivante :

Stock de dettes de l'année N= (stock N-1+ intérêts échus N + nouveaux emprunts N) – (remboursements N+ remises N).

Le volume des investissements d'une année quant à lui correspond au montant total des investissements réalisés au cours de l'année. La question se pose au niveau du rattachement comptable des investissements qui s'étalent sur plusieurs années budgétaires. Que ce soit en comptabilité publique ou en comptabilité privée, ces travaux, connus sous le nom d'immobilisations en cours, sont pris en compte au prorata de leur réalisation dans l'année comptable. Nul n'a besoin d'attendre l'année de leur achèvement avant de les comptabiliser. Il s'ensuit donc que les investissements comptabilisés dans une année correspondent à l'ensemble des allocations budgétaires affectées aux travaux de réalisation desdits investissements au cours de l'année de leur comptabilisation. Le rééchelonnement de la dette maintient celle-ci dans le stock de la dette en principal et en intérêts bien qu'elle s'attache à des investissements qui ont été réalisés totalement, parfois des dizaines d'années avant. Dans ces conditions, seules les évolutions substantielles de la dette sur une période permettront d'opérer un rapprochement entre les dettes et les investissements de la période. L'évolution substantielle du volume de la dette renvoie à l'idée d'un accroissement de la dette, au-delà du simple service de la dette déjà consommée, mais, surtout, du fait de l'augmentation du capital consécutif à l'entrée de nouvelles dettes dans le stock préexistant. Or, en 2012, la Côte d'Ivoire a bénéficié d'une réduction très substantielle de sa dette dans le cadre du Ppte. Le nouveau stock de la dette correspond donc à de nouvelles dettes qui devraient, en toute logique, s'associer à de nouveaux investissements.

En effet, il y a une pratique budgétaire, véritable coutume en Côte d'Ivoire, qui consacre une sorte de distinction entre le budget d'investissement et le budget de fonctionnement. Le budget d'investissement, hérité de l'ancien budget spécial d'investissement et d'équipement (Bsie), a toujours été alimenté par les emprunts, notamment à long terme, complétés par les excédents de la caisse de stabilisation. C'est cette réalité à la fois financière et économique qui a justifié le slogan « *le développement de la Côte d'Ivoire repose sur l'agriculture* ». Il y a donc une corrélation supposée entre la dette et les investissements. C'est pourquoi, autant il est compréhensible que les investissements au Ghana augmentent d'une année à une autre, suivant plus ou moins, le rythme de l'endettement, autant le décalage entre le montant des investissements et le rythme d'endettement reste tout de même mystérieux en Côte d'Ivoire. Le système s'amplifie lorsque nous consultons directement la source de financement de certains investissements. Pour comprendre la suite de notre analyse, il faut se rappeler que dans le cadre du Ppte, l'annulation de la dette ivoirienne vis-à-vis de la France, son plus grand créancier bilatéral, s'opère dans un mécanisme de reconversion de la dette en projets de développement appelé Contrat Désendettement Développement (C2D). Selon ce mécanisme très inédit, et donc curieux, la Côte d'Ivoire continue de rembourser sa dette à la France mais lesdits remboursements ne sont pas définitivement acquis au Trésor français. Ils sont mis sous séquestre dans un compte spécial pour le compte de l'Agence française de développement (Afd). Ces remboursements sont ensuite retournés à la Côte d'Ivoire sous forme de dons à investir dans des secteurs de développement convenus de commun accord entre les deux gouvernements (français et ivoirien). A la différence des autres créanciers qui ont opéré un effacement de leurs créances sur la Côte d'Ivoire, les créances françaises restent présentes dans le stock de dettes de la Côte d'Ivoire. Ces créances diminuent au fur et à mesure de leur remboursement par la Côte d'Ivoire qui reçoit, en retour, l'équivalent en projets d'investissements. Ce mécanisme se solde par une opération blanche pour le Trésor français, mais par un gain d'investissements pour la Côte d'Ivoire. C'est comme si la Côte d'Ivoire transformait, à due concurrence, par ce mécanisme, les amortissements de sa dette vis-à-vis de la France en investissements. Depuis 2012, la Côte d'Ivoire a bénéficié de deux contrats C2D d'un montant global de 1151 milliards de F Cfa (1,750 milliards d'euros) pour financer divers projets de développement. Le premier contrat couvre la période 2012-2015 pour un montant de 413 milliards (630 millions d'euros). Il était en cours de réalisation quand le second, plus important de 738 milliards (1,125 milliards d'Euros), a été conclu pour couvrir la période 2014-2020. C'est le premier C2D qui a assuré le financement des travaux suivants, regroupés en lots :

- Lot 1 : Abobo-pharmacie ; Matenin-carrefour ; Plaque II ; Cash ivoir ; Gare Sotra ; Camp commando Abobo.
- Lot 2 : Adjamé avenue Reboul ; Adjamé avenue 13 ; E50 ; Ecole franco-arabe.
- Lot 3 : Yopougon route d'Azito.
- Lot 4 : Yopougon, points critiques dans la commune de Yopougon quartier lièvre rouge ; Yopougon, points critiques du Chu de Yopougon ; Yopougon point critique quartier Maroc.

Le second contrat prévoit, entre autres, les travaux de mise en place de 54 périmètres maraichers irrigués et, surtout, le financement du prolongement de l'autoroute de Bouaké à Ferkessédougou.

En 2013, le gouvernement avait remboursé une partie de sa dette intérieure, notamment celle des fournisseurs pour environs 16,4 milliards par le mécanisme du C2D.

Il n'est donc pas exagéré de dire que le gouvernement ivoirien ne fait que tirer les avantages de la gouvernance du président Laurent Gbagbo. On ne le dit pas souvent, il y a très peu d'hommes politiques qui auraient pu accepter de s'engager, à quelques encablures d'une élection présidentielle, dans un programme contraignant comme celui qui implique le passage du point d'initiative Ppte à son point d'achèvement. Il faut même être animé d'un amour débordant pour son pays et pour son peuple. Toutes les critiques acerbes que l'on entend sur la gouvernance du président Laurent Gbagbo se font en ignorant les grands sacrifices qu'il a dû consentir pour amener le pays sur le chemin du désendettement. Ces critiques frisent la malhonnêteté intellectuelle lorsqu'elles émanent des personnes suffisamment informées sur les questions économiques. La Côte d'Ivoire était au bord de la forclusion du programme Ppte. Ce programme, entamé en 1996 et qui était prévu s'arrêter en 2006, a été prorogé jusqu'en 2010. Tous les pays qui ne s'y engageaient pas, dans cette période, étaient forclos. La Côte d'Ivoire devrait en principe être parmi les premiers pays à bénéficier de ce programme de désendettement dès 2000. Le coup d'Etat de 1999 a mis fin à ce rêve du gouvernement Bédié. Dès la prise du pouvoir, le président Laurent Gbagbo s'y est engagé. Le point d'achèvement, prévu pour juin 2003, n'a pas été atteint à cause de la rébellion de 2002. Autant dire qu'Alassane Ouattara, le chef de l'Etat actuel, aura tout fait pour retarder le désendettement de la Côte d' Ivoire à l'effet d'en tirer les avantages[11]. Ouattara a voulu gérer les retombées de la courageuse politique économique menée par son prédécesseur. Mais les

[11] Quand l'on est informé de cette réalité, la présence de Laurent Gbagbo à la Cpi porte le dégoût à son paroxysme. Les Ivoiriens ont une dette morale envers ce monsieur. Ils doivent absolument s'en acquitter en se donnant tous les moyens pour obtenir sa libération.

résultats ne sont pas à la hauteur des gains du désendettement de la Côte d'Ivoire.

En effet, il y est curieux de constater que, malgré le mécanisme du C2D qui permet à la Côte d'Ivoire de financer ses investissements par la rétrocession des remboursements qu'elle fait, le pays enregistre un faible taux d'investissements par rapport au Ghana. Le volume global des investissements ghanéens pour les quatre dernières années (2012, 2013, 2014 et 2015) s'élève à 43 946,6 millions $ (11 134,7 + 10 652 + 10902,9 + 11252) contre 19 422 millions $ (4 175,2 + 4658,3 + 5 125,9 + 5 462,6) pour la même période. Le Ghana a donc réalisé plus que le double des investissements ivoiriens.

La gestion même des investissements ivoiriens interpelle également. Le Programme d'urgence présidentiel (Ppu) est devenu quasiment le budget d'investissement de l'Etat de Côte d'Ivoire. Ce programme, qui se gère à la Présidence de la République, échappe à toute logique de gouvernance budgétaire. Qu'une telle initiative ait été prise de façon ponctuelle pour réparer rapidement, selon des procédures simplifiées d'exécution des dépenses, les destructions de certains biens sociaux pendant la guerre peut se comprendre ; mais que cette pratique se perpétue dans le temps, au point de s'ériger en règle de gestion des finances publiques, pourrait bien cacher d'autres intentions et couvrir des pratiques obscures dans un milieu où les marchés publiques nourrissent, généralement, des réseaux de rétro-commissions. Les révélations, mollement démenties, du journal la Lettre du Continent sur le montant des fonds de souveraineté de la Présidence de la République de 342 milliards de F Cfa, pourraient être la face visible d'un gros iceberg des chemins tortueux qu'empruntent ces emprunts.

Bien que dominant l'économie ivoirienne, il reste cependant que l'économie ghanéenne souffre d'une grosse faiblesse : l'inflation.

3) L'inflation

Comparée à la Côte d'Ivoire, l'inflation au Ghana est pratiquement endémique. Elle se situe à un niveau record dans la sous-région. Elle augmente de façon régulière chaque année et ne donne pas de signes d'essoufflement. Elle est nourrie par certaines causes essentielles et produit de graves conséquences sur l'économie ghanéenne.

3-1. Les causes majeures de l'inflation au Ghana

L'inflation ghanéenne est provoquée essentiellement par sa monnaie le Ghana Cedi (GHS) qui a remplacé il y a quelques années, plus précisément le 3 juillet 2007, l'ancien Cedi. Ce second changement est intervenu après celui opéré en 1967. L'objectif était de corriger la valeur des coupures des billets de banque. L'opération a consisté à diminuer la valeur faciale des billets et des pièces de monnaie sans toucher à leur valeur économique. Par exemple, le billet de 1 GHS a remplacé celui de 10 000 cedis. Le gouvernement d'alors avait retiré quatre zéros sur chaque coupure de billet. Dans la logique du gouvernement, 1 GHS actuel garde la même valeur économique que 10 000 anciens cedis. En effet, plusieurs années d'inflation avaient fini par avoir raison du Cedi introduit par Kwame Nkrumah, en 1965, en remplacement du système monétaire britannique, de sorte qu'il fallait plusieurs millions de cet ancien Cedi, pour acheter une bricole dans une boutique. Le Ghana était le pays des millionnaires pauvres. Mais, au bilan, l'opération de réduction des valeurs faciales des coupures de billets et des pièces de la monnaie ghanéenne n'a pas permis de contenir l'inflation. A l'approche du dixième anniversaire de cette opération, le GHS a perdu plus de l'équivalent de sa valeur de 2007. Se changeant à ses origines à 1 $ pour 1,5 GHS, aujourd'hui, il se change à 1dollar US pour 4,5 GHS[12]. Cette détérioration continue de la monnaie ghanéenne porte une

[12] Cours du 3 mars 2018.

grande part de responsabilité dans l'inflation qui fait de ce pays l'un des plus chers du continent.

Mais, le changement des valeurs faciales des billets et des pièces du Cedi ne peut expliquer, à lui tout seul, l'inflation. La dollarisation de l'économie ghanéenne y est pour beaucoup dans la dépréciation du Cedi. En effet, le Ghana est l'un des rares pays qui laissent circuler, concurremment, deux monnaies ayant cours légal dans le pays. En effet, il est admis aux particuliers d'ouvrir des comptes courants en Dollar au même titre que les comptes en Cedi. De ce fait, le Dollar est devenu la monnaie de référence des populations ghanéennes dans leurs transactions quotidiennes. La préférence du Dollar, dans sa concurrence avec le Cedi, est l'une des causes de l'enchérissement de la vie au Ghana. En effet, même fixé en GHS, chaque prix de n'importe quel bien de consommation est, dans la conscience du vendeur, indexé au Dollar. La ruée vers le Dollar fragilise le Cedi. La banque centrale du Ghana n'ayant pas l'exclusivité de la réserve de dollars, elle peine à maintenir la stabilité de la monnaie nationale. Toutes les expériences de ce genre ont engendré les mêmes soucis inflationnistes. Le Kwanza angolais en a souffert jusqu'à ce que ce pays retire officiellement le Dollar des transactions entre particuliers en Angola.

L'autre problème est le fait que le Ghana soit entouré de pays qui ont une monnaie forte qui impacte négativement sur le Cedi bien que l'économie ghanéenne soit la plus forte de la sous-région, tout juste, après celle du Nigéria. Le Franc Cfa, du fait de son utilisation dans plusieurs pays africains avec qui le Ghana entretient des rapports commerciaux, reste une monnaie qui domine le cedi. Sa stabilité forcée et trompeuse impacte négativement le Cedi. Le Ghana souffre de la dépendance monétaire de la moitié des pays avec lesquels elle partage un espace économique intégré.

Les conséquences de l'inflation sont énormes sur l'environnement socio-économique du Ghana.

3-2. Les effets socio-économiques de l'inflation au Ghana

Le premier effet est d'ordre budgétaire. Les déficits budgétaires ghanéens procèdent en partie de l'inflation. Dans l'état actuel du GHS, le budget de 29,7 milliards de Cedis de 2015 correspond à un budget de 11,2 milliards de Cedis au taux actuel de 1$ pour 3,97 cedis. Cela correspond au budget du Ghana de 2009. Or, il est constant que les charges de l'Etat ont augmenté du fait, entre autres, de l'augmentation de la population et du coup des produits de consommation.

L'autre conséquence se rapporte à la balance commerciale et à la balance des paiements qui sont constamment déficitaires malgré les efforts d'exportation du Ghana. Il s'ensuit une faiblesse des réserves en dollar de la banque centrale. Or le Ghana a besoin de ces réserves pour soutenir sa monnaie. On est dans la logique du serpent de mer qui mort sa queue.

Une autre conséquence, non la moindre, est l'enchérissement des coûts des dettes que le Ghana contracte. La détérioration rapide du Cedi a pour effet d'augmenter la valeur réelle (prix constant) des dettes même si leur valeur nominale (prix courant) ne change pas. Ce risque est commun à tous les pays qui s'endettent en devises extérieures. Une dévaluation par exemple du Franc Cfa entrainera, de facto, une augmentation du volume de la dette des pays de cette Zone.

Sur le plan social, la détérioration continue du Cedi réduit la portée des efforts du gouvernement ; les populations ont du mal à percevoir les efforts du gouvernement pour améliorer les performances économiques du pays.

Le Ghana a une économie florissante. Il a la plus grande économie de la Cedeao après le Nigéria. Mais les performances économiques ghanéennes restent noyées par la faiblesse de sa monnaie nationale qui est concurrencée, y compris au plan interne, par le Dollar. Le Ghana a donc tout intérêt à intégrer une zone monétaire africaine. Mais assurément pas celle du Cfa dans les conditions actuelles de son contrôle exclusif par le Trésor français. Le Ghana doit conduire le combat pour une devise africaine intégrée. Il en sera le gagnant. L'économie ghanéenne est de très loin plus forte que l'économie ivoirienne et l'écart entre ces deux économies s'est aggravée ces cinq dernières années.

Cependant, les deux économies s'inscrivent dans la logique ultralibérale qui laisse très peu de perspectives heureuses. Le mode de financement des deux économies prouve, de façon éloquente, que celles-ci ne sont assises sur aucune superstructure solide. C'est la faiblesse congénitale de toutes les économies africaines accentuée davantage par la permanence de la dépendance vis-à-vis des anciennes puissances coloniales. L'étude comparative entre l'économie pétrolière de l'Algérie et celle du Gabon le démontre éloquemment.

Section II. Etude comparative de l'économie pétrolière de l'Algérie et du Gabon

Le choix de ces deux exemples vise à mettre en évidence, grâce à la différence des mécanismes de production et de commercialisation de leur pétrole, l'influence qu'exerce finalement la superstructure sur l'infrastructure économique, et surtout, de relever comment la lutte pour la souveraineté des pays de l'Afrique subsaharienne reste la contradiction principale de leur développement. Nous avons, d'un côté, un exemple algérien, marqué par le centralisme et le contrôle total de l'Etat (pouvoir politique) sur l'infrastructure pétrolière conformément aux choix politiques (superstructure économique), qui est opposé au système gabonais marqué, quant-à-lui, par un libéralisme total de l'infrastructure pétrolière. Il s'agit donc de deux exemples opposés de choix politiques qui ont généré deux types de gestion de la ressource économique la plus importante des deux pays. Trois autres raisons justifient le choix de ces deux exemples :

- *Primo*, ces deux pays sont des anciennes colonies françaises même si leur statut colonial fut différent (colonie de peuplement pour l'Algérie, colonie d'exploitation pour le Gabon).

- *Secundo*, ces deux pays font partie du peloton de tête des pays producteurs du pétrole en Afrique. Ils ont, tous les deux, assis la politique de leur développement sur le pétrole même s'il convient, à juste titre, de relever que les deux pays n'ont pas la même production de pétrole en termes de volumes, mais le pétrole participe à la richesse de chacun des deux pays dans les mêmes proportions.
- *Tertio,* ces deux pays se différencient dans les rapports qu'ils ont gardés avec l'ancienne puissance coloniale, lesquels rapports sont déterminés par le mode d'accès à l'indépendance qui gouverne la place différenciée de l'idéologie dans l'un ou dans l'autre des cas, donc le poids (ou non) de l'ancienne puissance coloniale dans la détermination des politiques pétrolières ici et là.

I. L'économie pétrolière de l'Algérie.

A-L'infrastructure pétrolière algérienne

L'Algérie se situe dans le peloton de tête des pays producteurs de pétrole d'Afrique avec une production annuelle de plus de 60 millions de tonnes de brute et 62 milliards de m^3 de gaz. La gestion du pétrole algérien est, à l'image de la gestion politique du pays, marquée par une rupture violente avec l'ancienne puissance colonisatrice. En se libérant de *jure et de facto* de la domination française, l'Algérie a défini, en toute indépendance vis-à-vis de la France, sa politique du pétrole, la ressource qui lui représente plus de 97% de ses recettes d'exportation et 2/3 de ses recettes fiscales. Bien qu'ayant un territoire qui regorge de nombreuses autres ressources naturelles telles que le fer, le phosphate etc. l'Algérie a concentré tous ses efforts sur le pétrole pour assurer son développement.

C'est pourquoi, lorsque le gouvernement algérien entreprend une modification du mécanisme de gestion du pétrole et du gaz, c'est toute l'Algérie qui retient son souffle. L'enjeu est de taille et touche à la nature même du contrat social algérien. Prévue en 2000, c'est seulement en 2005, entre craintes de la population et hésitations du gouvernement, que la réforme législative sur le pétrole a vu le jour. Cette modification s'est opérée par l'effet de la loi 05-07 du 28 avril 2005[13]. Cette loi porte sur la réorganisation du secteur pétrolier. Pour mieux mesurer la portée de cette loi, il convient de faire un retour sur l'organisation initiale du secteur pétrolier de l'Algérie en nous inspirant de l'article du professeur Madjid Benchikh[14], pour l'aspect juridique, et celui de Farid Benyoucef[15]. Cette rétrospection nous ramène à la période de la colonisation française. En fait, l'Algérie n'est pas une colonie ordinaire. Elle est un prolongement outre méditerranée de l'Ile de France. L'Algérie est française avec deux exceptions qui concernent les deux départements sahariens des Oasis et de la Saoura. Ces deux départements font partie, depuis 1957, de la vaste organisation commune des régions sahariennes (O.C.R.S) créée le 10 janvier 1957, la réplique saharienne de la Loi cadre de Gaston Deferre. Cette situation particulière de l'Algérie justifie la coexistence de deux régimes juridiques dans le secteur pétrolier et gazeux. En effet, il est appliqué à l'Algérie « française » le code minier métropolitain, le même applicable en France, et, pour les deux départements, le code pétrolier saharien institué par l'ordonnance n°58-1112 du 22 novembre 1958. Le code pétrolier saharien a pour objet de *« définir le régime de la recherche, de l'exploitation et du transport par canalisation des hydrocarbures liquides et gazeux dans les zones de l'organisation commune des régions sahariennes ainsi que le régime fiscal applicable aux entreprises se livrant à cette activité »*[16]. Pour couper court à la concurrence des sociétés anglo-saxonnes, dont les pays avaient eux aussi adopté un

[13] J.O d'Algérie n°50 du 19 juillet 2005.

[14] Madjid Benchickh, « La nouvelle loi pétrolière algérienne », in *L'année du Maghreb*, 2007, pp. 201-221.

[15] Farid Benyoucef « L'Algérie face à la mondialisation : enjeux pétroliers/enjeux de développement », in *L'Algérie face à la mondialisation, op. cit.* pp. 100-114.

[16] Daniel Murat, *L'intervention de l'Etat dans le secteur pétrolier en France*, éditions Technips, Paris, 1969.

régime aussi fermé, le gouvernement français boucle à double tour l'entrée du marché de la recherche et de l'exploitation du pétrole dans son domaine du Sahara. Il confère un pouvoir discrétionnaire au gouvernement dans l'attribution des différents permis d'exploration et des concessions d'exploitation du pétrole. L'ordonnance de 1958 pousse les limites de la compétence exclusive de l'Etat français sur le pétrole de son pré-carré saharien à un tel niveau qu'elle soustrait le contentieux, en matière de recherche et de production du pétrole, de l'arbitrage international, comme c'est de coutume, pour le confier à la compétence exclusive du Conseil d'Etat. Cette ordonnance va être une annexe très importante des accords d'Evian du 18 mars 1962 par lesquels l'Algérie accède à l'indépendance. Une fois l'indépendance acquise, le pouvoir politique algérien va garder le caractère parcimonieux de la gestion de son pétrole héritée de l'administration coloniale française. Grâce à cette ordonnance, l'Algérie naissante exerce un contrôle absolu sur son pétrole. Le mécanisme élaboré pour assurer sa pleine souveraineté sur son pétrole s'organise autour de la société nationale pour le transport, la production et la commercialisation des hydrocarbures (Sonatrach). La Sonatrach est, alors, un établissement public à caractère industriel et commercial (Epic). A partir de 1965, cette entreprise publique s'ouvre vers l'extérieur et, grâce aux accords franco-algériens du 29 juillet 1965, elle s'associe aux entreprises françaises dans la recherche et l'exploitation des hydrocarbures.

En 1967 et surtout en 1971, le gouvernement algérien procède à la nationalisation des sociétés de distribution du pétrole et du gaz. Ces exploitations, aux dires du professeur Benchikh, « *fortifient la place de l'entreprise publique : elle devient l'instrument de monopole de l'Etat dans les domaines du gaz et du transport d'hydrocarbures. Elle est l'interlocutrice obligée de toute société étrangère intéressée par la recherche et l'exploitation du pétrole d'Algérie. Elle est la bénéficiaire exclusive des titres miniers qui sont octroyés par décret du gouvernement* »[17]. La Sonatrach devient alors un « super gouvernement » à côté du gouvernement officiel de l'Algérie. Elle intervient au niveau des trois séquences de l'exploitation du pétrole telles que ci-dessous décrites par Benyoucef :

« L'amont (ou upstream) où s'opère la gestion des données sur le domaine minier, la signature et la supervision des contrats ou permis d'exploration et/ ou de production et l'exploration et le développement des réserves ; le centre (midstream) où s'organise l'exploitation des champs et la production de pétrole brut, de gaz et de condensat et le transport et la distribution des hydrocarbures en aval ; l'aval (downstream) où se déroulent les opérations de raffinage, liquéfaction, distribution de gros, stockage des produits raffinés, distribution de détail dans le réseau de stations-service, pétrochimie et gazochimie (transformations plastiques et autres dérivés) »[18].

Elle détient obligatoirement au moins 51% de la production de pétrole de chaque entreprise étrangère. Elle-même opère directement dans un nombre important de sites miniers où elle fait l'exploration et la production. Elle s'aguerrit au fil du temps à tous les métiers du pétrole. Son expertise fait d'elle un partenaire actif différent des cas que l'on observe dans beaucoup de pays producteurs du pétrole en Afrique subsaharienne dans lesquels, les sociétés nationales qui existent encore sont taxées de partenaires dormants « *sleeping partners*) en ce qu'elles sont tenues très loin des opérations pétrolières directes. Jusqu'à la réforme de 2005, la Sonatrach était considérée (elle l'est toujours) comme l'une des grandes sociétés pétrolières internationales qui tient la concurrence aux meilleures d'entre elles, « la *douzième au plan mondiale et la première au niveau africain* »[19]. Le 12 avril 1971, l'Algérie prend l'ordonnance 71-24 suite à la nationalisation d'une partie des intérêts pétroliers de la France en Algérie. La légère ouverture de

---

[17] M. Benchikh, *L'année du Maghreb II*, Editions CNRS 2005-2006, p. 2.

[18] F. Benyoucef, *op cit*. P. 109.

[19] *Ibidem*

1986 (loi 86-14 du 19/6/1986), qui autorise la possibilité d'association avec les entreprises étrangères, ne rompt pas pour autant avec le principe du contrôle de l'Etat sur le pétrole renforcé par l'ordonnance de 1971. Cette ordonnance oblige l'entreprise étrangère qui sollicite un permis de recherche ou d'exploitation à deux niveaux. D'abord, elle est tenue de s'associer avec la Sonatrach qui détiendrait alors au moins 45% des parts et le permis est délivré à la société créée par l'association de la société étrangère avec la Sonatrach. En plus de cette obligation d'association, les personnes morales étrangères sont tenues de signer un protocole avec l'Etat. En cas de découverte d'un gisement, l'association prend la forme d'un partage de production contre une application d'une législation préférentielle en matière fiscale.

Le transport du carburant, qui est un droit indissociable du droit d'exploration et d'exportation, a toujours été mis en œuvre par l'Etat. La Sonatrach s'est toujours investie dans les travaux de transport par canalisation jusqu'aux rives nord de la méditerranée pour servir la clientèle européenne. La nationalisation de 1971 a emporté le passage sous contrôle de l'Etat algérien de toutes les canalisations existantes. La Sonatrach, l'heureuse bénéficiaire de la nationalisation des oléoducs ou des gazoducs, a étoffé ce réseau en direction de ses voisins continentaux (Tunisie et Maroc) et de ses voisins outre méditerranée (Espagne et Italie).

La réforme tant redoutée et finalement intervenue en 2005, tout en écorchant le monopole de la Sonatrach, n'a pas pour autant remis en cause le contrôle de l'Etat algérien sur son pétrole. En effet, ni l'Autorité de régulation des hydrocarbures, ni l'Alnaft[20], toutes les deux créées par l'article 12 de la loi du 28 avril 2005, ne marquent l'expression d'une rupture de l'Algérie avec sa politique

---

[20] La signification de « Alnaft » n'est pas précise. Si l'évidence sur le terme Naft qui désigne le pétrole en Arabe est établie, le préfixe Al reste source d'interrogation. selon le professeur Benchikh, Al pourrait être les premières initiales de Algérie ; dans ce cas Alnaft pourrait se lire Algérienne du pétrole. Al peut aussi être compris comme l'article en arabe rattaché au mot Nalft. Dans cette dernière hypothèse, Alnaft signifierait tout simplement le pétrole.

pétrolière. Il s'agit d'un aménagement du dispositif institutionnel de la politique pétrolière du pays qui renforce l'autorité de l'Etat sur le pétrole tout en respectant ses engagements internationaux, notamment l'accord d'association avec l'Union européenne qui établit une zone de libre-échange et son corollaire d'adhésion à l'Omc. Certaines compétences de la Sonatrach et du ministère en charge des hydrocarbures ont été tout simplement transférées, soit vers l'Autorité de régulation, soit vers l'Alnaft qui est la structure chargée de l'évaluation des hydrocarbures.

La loi du 28 avril 2005 a tout de même assoupli les conditions d'exercice des activités des personnes morales par la suppression du protocole d'accord. En ce qui concerne les contrats d'association, même si le monopole de la Sonatrach est cassé, le principe du contrat d'association reste néanmoins réaffirmé. Il a lieu maintenant entre l'Alnaft et la personne morale étrangère et approuvé par décret présidentiel. L'appel d'offre fait son entrée comme dernière innovation. La loi laisse également une option d'association de la Sonatrach qui ne peut obtenir maintenant qu'entre 20 et 30% sans préjudice du contrat d'association passé avec l'Alnaft. Même si la Sonatrach perd le droit de la participation majoritaire automatique dans les contrats d'association, l'Etat algérien, grâce à l'Alnaft, reste le maître absolu du jeu sur l'aire du pétrole.

Au niveau du transport, l'ouverture opérée casse également le monopole de la Sonatrach sans remettre en cause l'omniprésence de l'Etat algérien qui reste propriétaire des canalisations pétrolières et gazières. Elle peut les louer à des opérateurs économiques ; la caisse de transport créée se justifie par cette fin. L'Etat peut accorder de simples concessions à des entreprises privées créées suivant le modèle d'association prévu par la loi.

Ce qui vaut pour le pétrole algérien vaut encore plus pour le gaz.

Tout comme pour le pétrole, le gaz algérien reste encore du domaine des privilèges de l'Etat. Depuis la révolution de 1971, la mainmise de l'Etat sur le gaz algérien est totale. L'exploration, l'exploitation, l'approvisionnement du marché intérieur, la valorisation des besoins nationaux et des quantités à produire etc. tout est assuré par la société d'Etat.

La réforme de 2005 garde le même esprit même si des aménagements structurels ont cassé le monopole de la Sonatrach, la position léonine de l'Etat reste toujours assurée par l'Alnaft et sa génitrice : la Sonatrach. La première hérite de la seconde tous « *les contrats de vente en vigueur à la date de la publication et les contrats ultérieurs pour lui permettre de déterminer un prix de référence* »[21]. L'Alnaft devient, dans le domaine gazier, à la fois évaluateur et régulateur du marché. Dans tous les cas de figure, le gaz n'échappe pas au contrôle de l'Etat algérien.

Au total, la loi de 2005 opère une ouverture du marché pétrolier algérien sans pour autant remettre en cause le contrôle de l'Etat sur l'infrastructure économique pétrolière et gazière.

En plus de la maitrise de l'infrastructure pétrolière et en soutien de celle-ci, le gouvernement algérien a élaboré une législation fiscale qui rompt avec les habitudes observées dans les autres pays de l'Afrique subsaharienne producteurs de pétrole.

B- La fiscalité pétrolière algérienne

La position quasi-monopolistique de l'Etat algérien sur son pétrole et son gaz se manifeste par une fiscalité particulière accentuée depuis la révolution de 1971. Revisitée en 1986 puis en 2005, cette fiscalité reste encore très marquée par l'intérêt que représente le pétrole pour l'Algérie. Suivant l'évolution de la pratique dans le domaine pétrolier, le gouvernement algérien réadapte constamment sa fiscalité pétrolière. De la redevance assise sur le pétrole et d'un impôt sur le revenu pétrolier, la fiscalité pétrolière algérienne s'est étoffée avec la loi de 1986 que réaménage la loi de 2005. Aujourd'hui l'on relève les taxes et impôts suivants :

- La taxe superficiaire
- La redevance sur la production

[21] M. Benchikh, *op. cit.* p. 15.

- La taxe sur le revenu pétrolier (Trp)
- L'impôt complémentaire sur le revenu (Icr)

1) La taxe superficiaire

Elle est de création récente puisqu'elle a été instituée par la loi de 2005. Elle est obligatoire et varie selon deux critères qui ont trait, l'un à la période de sa détermination et l'autre, à l'emplacement de l'espace d'exploration et de production. Ainsi, en phase d'exploration, cette redevance se situe entre 37 $ (4000 DA) et 148 $ (16 000 DA) par km2 suivant que le site d'exploration se trouve dans l'une des 4 zones A, B, C, D. Cette subdivision en zone du territoire national correspond à un souci de justice fiscale pour tenir compte de la configuration géographique dudit territoire. En phase d'exploitation, la taxe superficiaire est comprise entre 148 $ (16 000 DA) et 296 $ (32 000 DA) le km^2.

2) La redevance

C'est un impôt classique des pétroliers. Elle est assise sur le volume de la production du seul fait de celle-ci, que le pétrolier y réalise ou non un bénéfice. Le paiement de la redevance est sans préjudice du paiement des autres impôts assis, quant à eux, sur le bénéfice ou sur le partage de production. Passée au débit du compte d'exploitation de l'entreprise, elle s'inscrit comme une charge déductible de l'impôt sur le bénéfice. L'article 41 de la loi du 19 août 1986 l'avait fixée à 20%, de façon uniforme, à toutes les entreprises quel que soit leur lieu d'exploitation sur le territoire national algérien. La loi de 2005 institue une variation du taux de la redevance en fonction du niveau de la production journalière et du lieu de production. Ce taux est compris entre 5,5 et 23%.

3) La taxe sur le revenu pétrolier (TRP)

Instituée par la loi de 1986 modifiée par la loi de 2005, la Trp constitue l'expression achevée de la position léonine de l'Etat algérien sur son pétrole. Elle est le nom donné par la loi de 2005 à l'impôt sur le résultat tel que prévu par la loi du 19 août 1986. De 1986 à 2005, le taux de cet impôt était de 85% du résultat brut de l'exercice. Toutefois, il pouvait être ramené à 75% pour la zone B et 65 % pour la zone C « *lorsque les conditions économiques de recherche et d'exploitation des gisements l'exigent* ». La loi de 2005 a comprimé ce taux entre 30 et 70 %.

Le gouvernement algérien ne s'en contente pas. Il a créé un type d'impôt particulier appelé impôt complémentaire sur le revenu (Icr).

4) L'impôt complémentaire sur le revenu (ICR).

En plus de la Trp, les contractants sont soumis à l'Icr au taux de droit commun de l'impôt sur le bénéfice des sociétés commerciales. Toutefois, pour la détermination du bénéfice imposable, la Trp est une charge déductible. Un taux réduit de cet impôt est accordé aux entreprises qui exercent dans le domaine de distribution de l'électricité et de gaz afin d'encourager les investissements dans ces deux secteurs d'activités.

Au total, malgré la réforme de 2005, le pétrole algérien reste entièrement sous la domination de l'Etat algérien sans que le ciel ne tombe sur le peuple algérien, ou que l'intérêt des entreprises pétrolières étrangères pour le pétrole algérien n'en soit altéré. A ce propos, voici les déclarations du ministre algérien de l'énergie relayées par le numéro 6 de la *revue méditerranéenne de l'énergie* de janvier 2003, rapportées par le professeur Benchickh :

« *L'Algérie est le premier pays au monde en termes d'attraction des investissements dans le secteur pétrolier. Aucun pays n'a signé dix contrats en un an. Cette année également, nous allons signer dix contrats, plus des contrats de développement* ».

Peut-on mettre ces propos sur le compte de la propagande politique ? Quand l'on regarde le niveau de développement de l'Algérie comparé aux autres pays producteurs du pétrole comme le Nigéria, le Gabon, l'on ne peut ignorer les propos dudit ministre. Le pétrole algérien lui permet de construire une économie respectable et un Etat solide qui a su faire face à plusieurs périls. L'Algérie a certes une économie fragile, à l'instar de l'économie de tous les pays qui ont assis toute leur politique de développement sur la commercialisation de matières premières hautement spéculatives comme le pétrole, mais les indicateurs de ses performances économiques montrent qu'elle tire un meilleur parti de son pétrole que la majorité des pays de l'Afrique, notamment subsaharienne. Selon le rapport du Pnud de décembre 2015, l'indice du développement de l'Algérie classe ce pays dans la catégorie des pays développés. Le Nigéria, qui produit plus de pétrole que l'Algérie, a l'un des indices de développement humain les plus faibles du monde et est classé 159e sur 177 en 2015.

La qualité de la politique pétrolière algérienne est encore évidente quand l'on lit celle du Gabon.

II- L'économie pétrolière du Gabon.

Situé à cheval sur l'Equateur et enveloppé dans une forêt dense qui contraste avec le désert algérien, le Gabon, avec ses environs 244 000 km^2 et 1,5 millions d'habitants, est petit en termes de superficie et de démographie à côté de l'Algérie qui est le pays africain le plus vaste en plus d'une population estimée à 39 millions d'habitants. Géographiquement éloignés l'un de l'autre, le seul lien historique qu'ils ont entre eux, la commune colonisation française, n'a pas eu les mêmes répercussions ici et là, après l'indépendance ; bien au contraire, on a assisté à deux trajectoires économiques différentes de ces deux pays.

En 1962, après sept années de guerre contre la France (1er novembre 1954 au 9 septembre 1962), l'Algérie acquiert son indépendance à la suite des accords d'Evian du 18 mars 1962. La rupture violente avec l'ancien maître entraine un bouleversement de l'économie française, notamment au niveau des hydrocarbures dont l'Algérie constitue, pour la métropole, une source domestique d'approvisionnement sure. La France, qui a négocié âprement pour exercer son contrôle sur la manne pétrolière et gazière algérienne, a dû se contenter des accords franco-algériens du 29 juillet 1965 par lesquels la Sonatrach s'associe à des entreprises françaises pour exploiter le pétrole algérien. Ces accords remplacent le fameux code pétrolier saharien de 1958 par lequel la France s'était réservé l'exclusivité du pétrole algérien. L'idylle pétrolière franco-algérienne s'arrête brusquement en 1971. Cette année-là, le gouvernement algérien nationalise les intérêts pétroliers français présents en Algérie. L'ordonnance du 12 avril 1971, qui suit cette nationalisation, consacre l'exclusivité de l'Etat algérien sur le pétrole du pays.

La France se tourne alors vers ses colonies d'Afrique noire pour satisfaire ses besoins en pétrole. A cette période, bien qu'ayant produit son premier baril en 1956, l'intérêt économique du Gabon se limite à l'exploitation du bois de sa dense forêt de type équatorial. Le Gabon n'est pas encore un pays pétrolier. La perte du pétrole algérien par la France va accélérer le destin pétrolier du Gabon. L'aventure pétrolière du Gabon qui a commencé timidement depuis 1930, s'accélère. Plusieurs gisements pétroliers viennent compléter l'Ozouri la Pointe-Clairette. Le gisement de Gamba donne déjà une idée de la réserve pétrolière du Gabon, une idée qui se confirme, quelques années plus tard, par la découverte et la mise en exploitation du Grondin. La production annuelle atteint alors les 10 millions de tonnes et place le Gabon parmi les pays pétroliers les plus importants. Le Gabon rejoint en 1975 l'Opep avant de la quitter en 1996. Par la suite, le Mandji et Rabi Kounga accroissent la part du pétrole dans l'économie du Gabon. Il participe à l'accroissement du PIB près de 150% en une année.

Mais le peuple gabonais va déchanter très vite. Il ne tire profit que d'une portion congrue de son pétrole. En effet, à la différence de l'Algérie qui a bâti une véritable politique des hydrocarbures affirmant son autorité et son contrôle sur son pétrole après s'être affranchie de la France, le Gabon approfondit, quant à lui, ses liens avec la France. Le pétrole gabonais est l'instrument qui renforce ces liens. Le président Bongo, qui dirige le Gabon depuis le 2 décembre 1967, se retrouve à la tête d'un émirat arabe en plein cœur de la forêt équatoriale. En 1973, en prévision de l'entrée du Gabon à l'Opep dominée par les pays arabes du Golfe et probablement pour mieux s'assimiler aux différents Emirs qui dirigent ces pays, Albert-Bernard Bongo devient musulman et prend le nom de El Hadj Omar Bongo. Pour établir une osmose entre lui et les dirigeants arabes, le président Omar Bongo transforme le Gabon en Emirat codirigé par lui et par la France. Un cartel Elf – Bongo se crée. Le maître d'œuvre de la construction du système pétrolier gabonais est Pierre Guillaumat, qui met en œuvre la politique gaullienne du pétrole. Ancien ministre de l'Education nationale puis des armées sous le général de Gaulle dont il se réclame d'une solide amitié, Pierre Guillaumat est le fondateur de la société Elf Aquitaine. Elf sera en Afrique subsaharienne plus qu'une société. C'est le gant de velours de l'impérialisme français en Afrique.

Le protocole qui porte son nom, élaboré par Guillaumat en 1970 et qui est remarquablement mis en œuvre par Bongo, est une création saoudienne. Très tôt en effet, le régime saoudien avait compris que le pétrole pouvait constituer un instrument de sa pérennisation si le revenu était savamment reparti entre les décideurs de ce monde. Le ministre saoudien du pétrole, le Sheikh Ahmed Zaki Yamani met alors en place un système de corruption internationale duquel va s'inspirer Pierre Guillaumat pour asseoir l'empire Elf en Afrique. El Hadj Bongo copie et adapte ce système à son pays.

Le système financier autour du pétrole gabonais est un mélange de fiscalité pétrolière classique et de réseaux de corruption qui nourrit toute la classe politique française tout en pérennisant le régime Bongo.

Ce système repose en effet sur trois instruments de financement :

- Les bonus, classiques dans toutes les fiscalités pétrolières. Ils sont versés dans la phase exploratoire du pétrole et atteignent au Gabon, plusieurs centaines de millions de dollars l'an.
- Les préfinancements qui s'opèrent sous forme de prêts gagés sur la production à venir. L'Etat gabonais, fort des estimations de la production à venir sur une année, emprunte de l'argent, généralement à la société

Elf ou, tout le moins, avec l'aval de celle-ci. Ce sont des prêts à gage ou simplement des ventes à terme. Sur ces prêts, sont prélevées des commissions allant de 1 à 3%. Les prêts gagés concernent la part du Gabon dans la production du pétrole. Cette part est déterminée dans chaque contrat de partage. Cette part est généralement comprise entre 10 et 20%.

- Les abonnements constituent une particularité gabonaise inspirée de l'expérience saoudienne. Les abonnements sont des prélèvements effectués sur chaque baril de brut commercialisé. Le prélèvement est généralement de l'ordre de 1 dollar US par baril et par jour.

L'enquête, menée par le journaliste David Servennay de R*ue89* suite à l'affaire Elf et publiée par le journal *Observateur* le 15 juin 2009, révèle que les prélèvements effectués au titre des abonnements ne sont pas versés au Trésor public gabonais. Ils sont versés sur les comptes de la société Elf trading S.A. Ainsi, selon ce journaliste, le président gabonais aurait écrit la lettre qui suit :

« *Nous vous autorisons à verser à votre société de commercialisation ELF TRADING S.A, la somme $ 1 par baril produit au Gabon par votre société Elf Gabon et SNEA. Ces versements qui se feront sur une base trimestrielle, sont des charges déductibles (un dollar/baril* ».

Ces sommes sont par la suite reversées sur les différents comptes personnels de Bongo dont notamment celui ouvert à la Banque française intercontinentale (Fiba), tenue, dit le journaliste, « *à la fois par la famille Bongo et Elf* ».

Le fonctionnement de ce système de caisse noire gabonaise est animé par les grands patrons d'Elf dont, notamment, André Tallaro, à la fois président de Elf Gabon et agent influent du réseau Foccart.

L'influence que Bongo a acquise dans le système gaulliste n'a pas manqué de nourrir des ambitions, voire la jalousie, du président Houphouët-Boigny. Ce dernier n'avait pas hésité à faire la promesse de boire sa première coupe de champagne à l'occasion de l'inauguration du premier baril du pétrole ivoirien.

La « mort » d'Elf n'a pas réduit l'emprise française sur le pétrole gabonais. Loin s'en faut. Total assure avec succès la succession d'Elf. Total continue d'avoir la part du lion du pétrole gabonais avec une production journalière de 85 000 barils. Total et Shell (50 000 barils/J) exploitent 70% du pétrole gabonais.

En 2014, Bongo-fils, qui a succédé entre-temps au père à la tête du pays, a tenté de donner une organisation institutionnelle et une fiscalité cohérente au pétrole gabonais, copiant ainsi l'exemple algérien qui fait ses preuves depuis plus de 40 ans. Par l'effet de la loi n° 011/2014 du 28 août 2014 portant réglementation du secteur des hydrocarbures en République gabonaise, le Gabon se dote d'un code des hydrocarbures.

Au titre 2 de ce code qui traite du cadre institutionnel, l'on note qu'à l'instar de l'Algérie, le cadre institutionnel comprend « *le ministère, l'autorité de régulation, l'opérateur national et des organes consultatifs* ».

Cette ossature institutionnelle est classique dans tous les codes des hydrocarbures :

- Le ministère conduit la politique gouvernementale en matière d'hydrocarbures.
- L'autorité de régulation exerce une sorte de contrôle et veille à une certaine transparence dans la gestion des hydrocarbures.
- L'opérateur national devient une véritable société pétrolière.
- Le Gabon y a ajouté des organes consultatifs.

La création de l'autorité de régulation dotée de « *pouvoirs d'investigation les plus étendus* » *(art.25)* et la création de la Gabon Oil Company (Goc), investie, entre autres, du pouvoir de « *rechercher et exploiter, seul ou en association, partenariat, joint-venture, des gisements d'hydrocarbures et de toutes substances connexes ou associées* » *(art. 28 al.1)* illustrent la volonté du Gabon d'avoir un meilleur contrôle sur son pétrole.

Au niveau fiscal, le code gabonais des hydrocarbures est resté dans la logique classique de la fiscalité pétrolière. Horsmis les impôts et taxes de droit commun applicables à toutes les activités économiques (Tva, Is, le foncier, et les droits de mutations), l'Etat gabonais utilise tous les autres instruments classiques de la fiscalité pétrolière. Aussi le code des hydrocarbures prévoit-il :

- Les bonus.
- La redevance fixée au moins à 50 F Cfa (0,1 USD) l'hectare en phase exploratoire et 5000 F Cfa (10 USD) l'hectare en phase d'exploitation.
- La redevance minière proportionnelle qui est assise sur la production de chaque gisement au taux compris entre 13 et 17% pour les gisements situés en zone conventionnelle, et 9 et 15% pour les zones off-shore profonde et très profonde.
- Puis les contrats de partage.

Nous sommes loin des pratiques anciennes où toute la fiscalité pétrolière se limitait aux arrangements amicaux entre Omar Bongo et Elf.

Malheureusement, cette prise en main de son pétrole par l'Etat gabonais arrive à une période où les réserves déclinent fortement.

Alors, l'on ne peut manquer de s'interroger pourquoi le Gabon a mis autant de temps pour réaliser ce que l'Algérie a fait il y a 40 ans.

La réponse se trouve dans la manière dont l'un et l'autre de ces deux pays ont acquis leur indépendance. Cette réponse met en lumière les contrats de dupe que la France entretient avec ses « amis » de l'Afrique noire francophone. Cette amitié, fusil sur la tempe, est l'une des causes du retard de l'Afrique noire. L'étude comparative des économies des différents pays aux potentiels convergents montre la corrélation qui s'établit entre la souveraineté nationale et le développement. Le doute n'est pas permis sur cette corrélation à la lumière du constat qui se dégage de l'analyse des économies des quatre pays tous producteurs de matières premières. Deux pays, la Côte d'Ivoire et le Gabon sont liés à leur ancienne puissance coloniale par diverses attaches qui font l'essentiel de l'expression de la souveraineté. La défense, la monnaie, la diplomatie gabonaises et ivoiriennes sont sous le contrôle de la France. Ainsi donc, ni la politique économique, ni sa diplomatie encore moins des deux pays ne sont entièrement exercées par les deux pays. La plus grande autonomie politique acquise par l'Algérie et le Ghana comparativement à la Côte d'Ivoire et au Gabon se répercute sur les performances économiques des premiers. La stabilité monétaire imposée au Gabon et la Côte d'Ivoire, par exemple, limite objectivement leur capacité de financement de leur économie, comparée à l'Algérie et au Ghana. Dans la même veine, l'Etat ghanéen ne s'est pas dessaisi totalement du contrôle qu'il exerce sur son cacao, alors qu'en Côte d'Ivoire, l'Etat, suivant l'ultralibéralisme, a tout abandonné dans les mains des multinationales. Au bout du compte, en 2017, la Côte d'Ivoire est obligée de contrôler *manu militari* ses frontières pour éviter que ses paysans n'évacuent leur production cacaoyère vers le Ghana qui est devenu plus attractif.

Les matières premières sont devenues un enjeu vital pour les économies du monde. Dans son livre, « *Pétrole une guerre d'un siècle* », William Engbahl, rappelle le rôle primordial que joue le pétrole dans l'ordre mondial centenaire anglo-américain. Pour le contrôle de cette matière première hautement stratégique, les acteurs sont nombreux et tous entendent en tirer le meilleur profit. Dans cette compétition, l'affaiblissement des Etats producteurs devient un objectif majeur. La guerre permanente pour le contrôle des matières premières est ravageuse pour les Etats faibles, encore plus pour les Etats qui observent un certain laxisme dans la gestion des leurs. Ceux qui exercent une plus forte souveraineté sur leurs matières premières résistent plus à la désarticulation programmée des économies africaines.

CHAPITRE II

LA DESARTICULATION STRUCTURELLE DES ECONOMIES AFRICAINES

Une économie harmonieusement solide est une économie qui observe une très bonne articulation dans son organisation structurelle. Dans une telle économie, les limites entre la structure, l'infrastructure et la superstructure s'effacent pour donner naissance, à ce que l'on appelle le *système*. Le *système* apparaît donc comme l'étape finale de la construction économique qui opère une intégration parfaite entre les trois parties de cette économie. Le système capitaliste est donc la finalisation de la structure capitaliste, de l'infrastructure capitaliste et de la superstructure capitaliste. Le système capitaliste a atteint un tel niveau d'harmonie structurelle qu'il a brouillé la perception que ces esprits, même parmi les plus éclairés, ont de lui. Karl Marx organise la société humaine, donc économique, autour de la paire infrastructure et superstructure en créant entre cette paire un rapport de détermination.

Pour lui, l'infrastructure est la fondation matérielle de la superstructure qui est la part immatérielle de l'organisation sociale. Dans la pensée économique de Karl Marx, l'infrastructure, qu'elle soit de fondement naturel (conditions naturelles, fleuve, désert, etc.) ou de création humaine (route, outils de travail, machines industrielles etc.), forme l'ensemble des moyens de production qui déterminent à la fois le mode de production, de consommation et de reproduction ; en gros, le type de société, y compris dans sa dimension immatérielle telle que la religion. L'organisation étatique serait également, selon Karl Marx, une émanation de l'infrastructure.

Sans remettre en cause ce rapport de détermination entre l'infrastructure et la superstructure, il reste que l'évolution actuelle de la société économique et les rapports qu'elle induit incline à élargir la réflexion du penseur allemand.

Il est possible et même évident, à la lumière de l'expérience de la société économique contemporaine, de soutenir qu'une fondation préexistante détermine d'abord l'infrastructure, puis la superstructure. Cette fondation mère est la *structure*. Cette partie de l'organisation de l'économie explique mieux la désarticulation de l'économie africaine face au système économique dominant de l'ultralibéralisme. La structure, l'infrastructure et la superstructure de l'économie africaine méritent une analyse critique.

I. La structure du capitalisme et son impact sur l'économie africaine

Toutes les définitions de la structure convergent vers l'idée d'un agencement, d'une disposition des éléments divers qui composent un ensemble pour en faire un tout indissociable. La structure est donc une construction qui unit, de façon harmonieuse, des éléments indépendants entre eux à l'origine pour en faire, au bout de compte, des éléments dépendants dans un système. Il s'en suit que l'on ne peut parler de structure pour un corps composé d'un seul et unique élément. La structure peut s'obtenir par l'effet d'une force naturelle (la structure d'une molécule, de l'air, etc.) ou par l'effet de l'homme (une maison, une route, etc.). Il est parfois tentant de confondre la structure au système. Bien que la limite entre ces deux notions soit très mince, il n'en demeure pas moins qu'elle existe. L'une est l'essence de l'autre. La structure est l'essence du système et ce dernier donne un sens à la structure. L'évolution de la pensée économique permet d'observer la limite entre la structure et le système. Toute la pensée économique, de ses balbutiements de la fin du XVIe siècle jusqu'à son éclosion véritable au XVIIIe siècle est, soit la réaction, soit le prolongement d'une pensée mère qui a orienté, formé et formaté toute la conscience humaine de cette période. C'est l'influence de cette problématique originelle sur la production des différents courants de la pensée économique que Keynes décrit comme suit :

« *Les idées, justes ou fausses, des philosophes de l'économie et de la politique ont plus d'importance qu'on ne le pense en général. A vrai dire, le monde est presque exclusivement mené par elles. Les hommes d'actions qui se croient parfaitement affranchis des influences doctrinales sont d'ordinaire les esclaves de quelques économistes passés. Les illuminés du pouvoir qui se prétendent inspirés par des voies célestes distillent en fait des utopies nées quelques années plus tôt dans le cerveau de quelque écrivailleur de faculté »*[22].

Le système économique moderne, qui conduit le monde d'aujourd'hui, n'est pas de génération spontanée. Il traduit l'esprit d'une structuration qui établit une jonction solide entre la nature, l'homme, la famille, la religion, la société, la politique et l'Etat. Tous les éléments constitutifs de ce système sont tenus liés entre eux par cette structure, ce squelette autour duquel tout se bâtit. Le triptyque homme, société et Etat, les piliers essentiels du système, procèdent d'un paradigme de départ qui continue de structurer tout dans le système. Ignorer la structure ne permet pas de comprendre ses excroissances que sont l'infrastructure et la superstructure. La perception de la structure, dans le cas d'espèce qui nous intéresse, est rendue difficile par le fait que, à la différence de l'infrastructure et de la superstructure, la structure reste au stade idéel. N'étant pas matérielle et visible, elle se rend difficilement appréhensible.

Les Etats actuels sont les superstructures résultant des différents changements qu'a subis la structure suivant l'évolution de l'humanité si nous nous en tenons à la thèse de R. Rodney. La problématique de l'humanité reste la place que l'homme doit occuper dans la conduite de celle-ci. En prenant comme point de départ notre ère, il est constant que le mouvement de la pensée philosophique, qui marque ce que l'on appelle la Renaissance, a créé une structure nouvelle de la société occidentale. La dialectique originelle qui porte les rapports de l'homme avec la société, a nettement évolué au profit de l'homme en Europe occidentale. Les démocraties parlementaires qui ont conquis la quasi-totalité des espaces culturels de la planète, sont l'illustration parfaite du renversement de la structure qui a porté le monde occidental

[22] John M. Keynes, *Théorie générale de l'emploi, de l'intérêt et de la monnaie*, éditions Payot, Paris, 1942.

durant tout le Moyen-âge chrétien, bien que les dernières études sur le Moyen-âge européen militent pour une révision de certaines certitudes sur l'état de l'économie de cette période comme nous l'indique le Pr Pierre Kipré[23]. Par exemple, dans ses études, le Pr Daniel Amara Cissé relève que le système monétaire articulé autour de l'étalon-or est né le 29 octobre 1445 à l'initiative du gouvernement génois de l'époque[24]. C'est la preuve de l'état avancé de l'économie pendant les derniers siècles du Moyen-âge européen. Il reste toutefois que les bouleversements majeurs de la société induits par le Siècle des Lumières, qui ont abouti à un renversement de la classe dirigeante et du paradigme de la gouvernance des peuples, ont entrainé la restructuration de la société. La nouvelle structure de la société redéfinit les priorités de l'homme. Cette nouvelle structure prend sa forme définitive actuelle par la volonté de la bourgeoisie capitaliste, la véritable classe dirigeante. C'est autour de cette structure que s'organise le système de gouvernance du monde actuel. Dès lors, toute la superstructure, comprise dans le sens de Karl Marx, s'inspire immédiatement de la nouvelle structure de la société.

La société africaine contemporaine n'échappe pas à l'influence du système engendré par la structure contemporaine. Faut-il revenir sur les fondements historiques de l'Etat africain ? Toutes les études sur l'Etat africain convergent vers une seule conclusion : l'Etat africain est fondamentalement d'essence capitaliste parce qu'issu de la colonisation, fille ainée du capitalisme. Il porte donc toutes les marques de la structure qui fonde la pensée capitaliste

---

[23] Contribution du professeur Pierre Kipré: « *les derniers travaux sur l'Europe médiévale montrent que, contrairement à ce que croient encore les économistes, les XIV*[e] *et XV*[e] *siècles ont vu se développer des instruments comme la banque, de nouvelles techniques agricoles etc. qui avaient fait leur apparition au XII*[e] *et XIII*[e] *s. pour s'imposer définitivement au XVI*[e] *siècle ; les derniers siècles du Moyen-âge en Occident ne sont plus considérés comme une période d'arriération économique* ».

[24] Daniel Amara Cissé, *Histoire économique de l'Afrique noire*, tome 3, *le Moyen-âge*, Editions PUSAF/L'harmattan, Paris, p.31.

comme le rappelle Olufemi Vaughan[25]. Rares sont les organisations socio-politiques qui ont atteint le stade du féodalisme tel que connu en Europe et en Asie avant la colonisation. Dans une lecture panoramique de l'Afrique, le professeur W. Rodney établit une cartographie de l'histoire des organisations socio-politiques les mieux avancées dans l'Afrique précoloniale. Il part de l'Egypte islamiste au Zimbabwe, en passant par l'Ethiopie, la Nubie, le Maghreb arabe, le Soudan de l'Ouest, la région des Grands lacs. L'organisation politique, dans ces parties de l'Afrique, n'était nullement loin de celle de l'Europe à la même période. Au plan économique, des échanges commerciaux continus ont existé entre l'Europe, l'Asie et l'Afrique subsaharienne et ces échanges se sont accrus, entre la fin du XIe siècle et le XVe siècle ; période que le Pr Daniel Amara Cissé nomme « *la grande époque de l'Afrique noire* »[26] confirmant ainsi les propos de monsieur Amadou Mahtar M'Bow, ancien directeur général de l'Unesco, dans sa préface de l'œuvre scientifique collective *Histoire générale de l'Afrique*. Celui-ci attaquait frontalement les thèses négationnistes d'une histoire propre à l'Afrique en ces termes :

« *On présentait souvent le Sahara comme un espace impénétrable qui rendait impossible des brassages d'ethnies et de peuples, des échanges de biens, de croyances, de mœurs et d'idées, entre les sociétés constituées de part et d'autre du désert. On traçait des frontières étanches entre les civilisations de l'Egypte ancienne et de la Nubie, et celles des peuple-subsahariens* »[27].

Sans reprendre l'intégralité de ces études, il est néanmoins d'un intérêt certain, pour la compréhension de notre analyse, que nous nous attardions sur le Soudan puisqu'il englobe une partie de la Côte d'Ivoire actuelle. (Bien d'incertitudes persistent sur l'origine de beaucoup de noms historiques ce

[25] O. Vaughan, *Indigenous political structures and governance in Nigeria*, Royal Bird Ventures, Lagos, 2004.

[26] D.A. Cissé, *op. cit.* p.7

[27] A. M M'Bow in *Histoire générale de l'Afrique*, édition UNESCO, tome I, Paris, 2010, p. 10.

l'Afrique, du fait de la variété des sources historiques et des langues qui les ont transmis du passé au présent. Tel est le cas du continent africain lui-même qui selon le professeur J. Ki-Zerbo a dû être appelé sous plusieurs appellations).[28]

Pour les Arabes qui ont donné ce nom, toute la partie subsaharienne est appelée *Bilad as Sudan*[29], entendue la terre des Noirs. Aujourd'hui, même si le nom est resté dans les limites des deux Soudans (Soudan du Nord et Soudan du Sud) sur le Nil, à ses origines, cette notion renvoie, dans la compréhension arabe, aux territoires occupés actuellement par le Sénégal, le Mali, le Burkina Faso, le Niger, le Nigeria, une partie de la Mauritanie, la Guinée. Dans cette partie du Soudan, des royaumes puissants ont existé tous influencés par la civilisation de la Nubie, notamment l'Etat de Kush, une vieille civilisation qui, bien avant notre ère, rivalisait de

---

[28] J. Ki-Zerbo : *« Le mot AFRIQUE a une origine jusqu'ici difficile à élucider. Il s'est imposé à partir des Romains sous la forme AFRICA qui succédait au terme d'origine grecque ou égyptienne Libya, pays des Lébou ou Loubin de la Genèse. Après avoir désigné le littoral nord-africain, le mot Africa s'applique, dès la fin du Ier siècle avant notre ère, à l'ensemble du continent. Mais quelle est l'origine première du nom ? En commençant par les plus vraisemblables, on peut donner les versions suivantes : — Le mot Afrique proviendrait du nom d'un peuple (berbère) situé au sud de Carthage : les Afrig. D'où Afriga ou Africa pour désigner le pays des Afrig. — Une autre étymologie du mot Afrique est tirée de deux termes phéniciens dont l'un signifie épi, symbole de la fertilité de cette région, et l'autre, Pharikia, signifie pays des fruits. — Le mot Africa serait dérivé du latin aprica (ensoleillé) ou du grec apriké (exempt de froid). — Une autre origine pourrait être la racine phénicienne faraqa exprimant l'idée de séparation ; c'est-à-dire de diaspora. Soulignons que cette même racine se retrouve dans certaines langues africaines (bambara). — En sanskrit et indou, la racine apara ou africa désigne ce qui, au plan géographique, est situé « après », c'est-à-dire l'Occident. L'Afrique c'est le continent occidental. — Une tradition historique reprise par Léon l'Africain dit qu'un chef yéménite nommé Africus aurait envahi l'Afrique du Nord au second millénaire avant notre ère, et aurait fondé une ville appelée Afrikyah. Mais il est plus probable que le terme arabe Afriqiyah est la translittération arabe du mot Africa. — On a même été jusqu'à dire que Afer était un petit fils d'Abraham et un compagnon d'Hercule »*, cf : *Histoire générale de l'Afrique, op. cit.* p.21.

[29] Le Ta'rīkh al-Sūdān a été traduit en français et annoté par O. Houdas (1900) ; le Ta'rīkh el Fattāsh par O. Houdas et M. Delafosse (1913).

splendeur avec l'Egypte ancienne. Le plus ancien de ces royaumes ou empires est l'empire du Ghana suivi de celui du Mali puis de l'empire du Songhaï. Sur leurs cendres sont nées d'autres Etats puissants tel que le Califat du Sokoto dans le pays haussa d'Uthman dan Fodio. L'empire peul de Sokoto qui s'étendait jusqu'aux frontières de l'Egypte est certainement la plus large unité politique que le continent africain ait connue.

L'Etat africain tel que nous le connaissons de nos jours est indiscutablement le fruit de la colonisation. Il est l'expression du contrat social vu, compris et expérimenté par l'Europe occidentale. Au-delà d'un simple concept, c'est un ordre social qui prend ses racines dans les profondeurs de l'histoire des peuples européens qui ont tiré profit de leur proximité avec l'empire romain, légataire incontesté de la civilisation hellénique. C'est en effet cette dernière qui, la plus proche de notre ère, a donné les premières formes de l'organisation socio-politique semblables à l'Etat moderne. Il est indiscutable que la civilisation hellénique, elle-même, ait pu s'inspirer de certaines expériences passées, particulièrement celle de l'Egypte ancienne selon le témoignage de philosophes grecs comme Platon (cf. son *Critias*). Mais, en termes de proximité dans le temps, il est évident que la Grèce reste la source d'inspiration de l'Etat moderne. L'Etat africain procède donc de plusieurs expériences qui ont traversé les âges. Dans ce processus, le Pr P. Kipré présente le XIXe siècle comme étant une période déterminante en ce qu'elle précède immédiatement la pénétration coloniale :

« Nous définissons le XIXe siècle comme temps des «mondes nationaux», c'est-à-dire, des espaces culturels plus ou moins larges où se mêlent des communautés politiques variées traduisant plusieurs niveaux d'organisation et de relations. Ce siècle est marqué par des mouvements de populations qui prolongent bien souvent ceux initiés au XVIIIe siècle, soit sous l'effet des traites négrières et des guerres de conquête, soit sous l'effet de nécessités économiques, qui autorisent des stratégies nouvelles de peuplement et d'organisation collective sur une base lignagère. Ce temps est aussi celui de la formation ou de la

consolidation d'États (États du «djihad» omarien ; État ashanti ou Danxomè ; etc.), principalement par la dynamique interne des sociétés ouest-africaines. Ce temps s'achève avec les offensives systématiques de l'impérialisme colonial »[30].

Le dernier vecteur qui l'a apporté à l'Afrique est donc la colonisation. L'Etat est arrivé en Afrique avec un fondement structurel occidental. La structure qui porte cet Etat a pénétré tout le corps social africain. C'est ce que relate, à travers une étude sur les structures politiques indigènes du Nigéria, Olufemi Vaughan.

La structure de la société occidentale ayant organisé la société autour du principe de la stratification par classes avec, comme échelle de valeurs le capital, l'Etat africain, qui en émane, garde cette stratification. Dans la société structurellement capitaliste, l'ordre des exigences minimales et fondamentales de l'homme est renversé. Or, l'échelle des exigences originelle commune à toute l'espèce animale priorise l'accès à la nourriture (production), le renouvellement de soi (la reproduction), et le besoin d'un territoire où s'exprime toute la liberté de l'animal (l'habitat). C'est ce minima fondamental de l'homme que la structure capitaliste a remis en cause en se créant une infrastructure propre. Tout comme, selon Karl Marx, l'infrastructure détermine la superstructure, la structure économique détermine l'infrastructure économique.

II. L'infrastructure économique africaine prise dans l'étau de la structure capitaliste originelle

Les rapports entre la structure économique et l'infrastructure répondent à la même nature dialectique que ceux que Karl Marx établit entre l'infrastructure et la superstructure économique. Depuis que la structure économique capitaliste a soumis le monde entier, rien dans ce

---

[30] P. Kipré « De la question nationale en Afrique noire » in *Afrika Zamani*, N[os]11 & 12, 2003–2004, pp. 64–85 © Conseil pour le développement de la recherche en sciences sociales en Afrique & Association historiens africains 2006 (ISSN 0850-3079

monde n'échappe au contrôle de cette structure. L'individualisation des intérêts demeure le moteur de la pensée et de l'action de l'homme. La stratification de la société, en groupes de compétiteurs pour l'affirmation du soi au détriment de l'ensemble, transforme la perception que l'on a de l'infrastructure économique. Celle-ci n'existe et ne se justifie que par son apport à l'activité économique de l'homme telle que comprise et développée par la classe dominante. Pour celle-ci, tout étant destiné à la production économique, la classe capitaliste doit pouvoir s'approprier ce tout. Qu'elle soit naturelle ou du fait de l'homme, toute l'infrastructure devient la base du conflit des classes. Son appropriation par l'une des classes condamne l'autre à agir en observateur de la construction de son propre univers. Or, l'appropriation de toute l'infrastructure économique par la classe capitaliste n'a été possible que grâce à l'accumulation, par celle-ci, du capital généré par l'exploitation de la classe majoritaire. Mais, le plus grand succès de la classe capitaliste, c'est d'avoir réussi à inculquer son esprit et sa perversion à la classe qu'elle domine par la création de faisceaux d'illusions. Le beau devient une valeur essentielle de l'homme qui détourne son jugement du nécessaire. Or, dans l'échelle des priorités humaines, celui-ci précède celui-là. Celui qui aura compris ce principe est paradoxalement le capitaliste qui investit l'excédent de son capital seulement dans le sensationnel après avoir assuré le nécessaire pour lui et les siens. Réservé au départ pour ses plaisirs, la classe capitaliste a compris, très vite, l'effet d'opium du sensationnel sur la classe dominée. Elle finit par ériger le beau en critère de performance de la société humaine, non pas pour exalter le beau comme créature artistique, œuvre de l'esprit créatif de l'homme, mais comme instrument d'accumulation du capital de la classe dominante. L'infrastructure économique glisse donc doucement du nécessaire, qui constitue le minimum des exigences de chaque homme, vers le sensationnel qui est, quant à lui, le superflu, l'excroissance de l'exploitation des masses par la classe capitaliste. Consciente du succès de son endoctrinement sur la classe dominée, la société capitaliste, dans sa forme excessive que l'on qualifie, avec euphémisme, de néolibérale, a développé une véritable industrie du beau qu'elle vend chère à la classe exploitée. Prenons l'exemple du boom de l'économie des télécommunications et de ses satellites multimédias. Très peu de personnes, dans la classe prolétaire, possèdent moins de deux téléphones. Or, il en faut seulement un seul pour communiquer. L'on acquiert plus que l'on en a besoin. Le capitalisme est entré dans une phase de propagande pour mieux illusionner la conscience de la classe dominée.

Du point de vue macro-économique, l'économie des Etats africains reste l'exemple type de l'économie de la propagande capitaliste. Dans les deux économies qui font l'objet de la présente étude, l'on mesure aisément le décalage qui existe entre l'économie du sensationnel et l'économie du nécessaire. En six ans de présence au Ghana, nous avons pu observer un embellissement de la ville d'Accra à un rythme extraordinaire. L'infrastructure s'embellie. Les immeubles aux allures de gratte-ciel du Manhattan new yorkais changent quotidiennement l'image de la capitale ghanéenne. En face, dans un mouvement inverse, la pauvreté des masses est visible et palpable. Il y a encore des écoles sous les arbres au Ghana, des quartiers entiers d'Accra sont dépourvus du minimum de commodité telles les toilettes dans les maisons, l'eau courante et l'électricité.

Le même mouvement est observé dans une mesure encore plus grave en Côte d'Ivoire. Jamais la Côte d'Ivoire n'avait atteint un tel niveau de propagande économique. Alors que le pays sort d'une profonde crise politico-militaire qui a accru les besoins vitaux de l'ensemble de la population, le gouvernement ivoirien s'est lancé dans une politique illusionniste pour détourner l'attention des populations sur leurs véritables attentes. Le gouvernement a pris l'option de l'embellissement au détriment des attentes des populations. Les jeux de lumières de fin d'année, les visites à l'aéroport pour voir de très loin un airbus A 380, le troisième pont célébré avec faste, etc. participent de cette approche politico-économique qui vise à exclure de l'infrastructure économique la frange la plus importante de la population, en se servant de l'opium du sensationnel pour détourner son attention sur ses propres souffrances.

Que l'on nous comprenne bien, notre étude n'entend point faire l'apologie d'un primitivisme de la société humaine. Loin s'en faut. La problématique majeure est de restituer l'ordre hiérarchique des priorités humaines. C'est, à notre sens, la contradiction principale. En effet, il faudra bien s'interroger sur les motivations réelles de la socialisation de l'homme. La socialisation doit être comprise différemment du simple rassemblement d'êtres de même espèce. La socialisation s'entend, à notre avis, d'une association d'intérêts de plusieurs êtres qui sont mus par un souci de péréquation de leurs efforts afin de mieux assurer la défense de leurs intérêts. Les intérêts en question sont identiques à ceux que les troupes d'animaux, à l'état de nature qui vivent en meute, partagent entre eux. Les animaux qui vivent en meute organisent leur groupe autour des trois priorités basiques de tout être animal. Se nourrir, se reproduire et protéger leur territoire. Lorsqu'une meute n'arrive plus à assumer cette responsabilité collective, soit elle s'éclate, soit le leader en est déchu. Tel est le sort, par exemple, d'un lion mâle dominant qui n'arrive pas à défendre sa troupe contre un autre mâle rival. Il est déchu et sa descendance, qui n'est pas à l'âge de se défendre, est également éliminée avec lui afin de permettre la reconstruction d'un nouvel équilibre autour du nouveau leader. Il s'en suit donc, qu'une organisation sociale ou un système de gouvernance qui n'assure pas, pour chacun de ses membres ce minimum qui justifie la socialisation de ceux-ci, perd toute utilité. Aucun droit n'est au-dessus du droit de se nourrir, de se reproduire et d'avoir un territoire. Ce qui est un droit pour ses membres constitue un devoir collectif pour la communauté. Le drame de la société capitaliste, c'est d'avoir renié ces droits à une partie de la communauté humaine. Ce faisant, le capitalisme est allé jusqu'à assimiler aux moyens de production la classe prolétaire qui ne se justifie, à ses yeux, que par sa force du travail. En procédant ainsi, il enlève à cette partie de la communauté humaine toute forme d'humanisme par la chosification qu'elle en fait. L'esclavage et la colonisation sont autant de formes d'assimilation de l'homme à l'infrastructure économique. L'homme ne devient plus maitre de l'infrastructure économique, il en devient une partie intégrante au service d'une minorité. Les critères d'évaluation des économies restent marqués par cette déviation de l'histoire de l'évolution de l'homme.

Prenons l'exemple de la société phare du capitalisme : les Etats-Unis d'Amérique. Le PIB de ce pays en 2016[31] est évalué à 18 698 milliards de dollars américains ; répartis sur l'ensemble de la population, cela donne un PIB par tête d'habitant de 57 766 $. Paradoxalement, ce pays enregistre officiellement plus de 46,5 millions de pauvres sur 323 millions habitants (14,39%), avec environ 2 millions de sans-abris[32]qui dorment sous les gratte-ciels, signes extérieurs de l'opulence américaine. Ce pourcentage des exclus des infrastructures atteint des proportions insoupçonnées en Afrique. Prenons le cas de la Côte d'Ivoire avec, comme problématique, l'adéquation entre les attentes des populations par rapport à l'infrastructure économique illustrée par le troisième pont ; son degré de nécessité par rapport à l'ensemble de la population. En d'autres termes, quelle est la portion de la population ivoirienne utilisatrice directe de ce pont. Plus cette proportion est importante, plus l'infrastructure présente une nécessité élevée. Le degré de nécessité d'une infrastructure se mesure par le nombre de personnes susceptibles d'utilisation directe de cette infrastructure. Il ne s'agit pas des personnes qui s'en servent effectivement, mais celles dont les conditions de temps, de lieu et de moyens, font d'elles des utilisateurs directs putatifs de cette dernière. Le troisième pont présente une nécessité directe pour l'ensemble des automobilistes ivoiriens. Cette nécessité est encore plus immédiate pour les automobilistes qui vivent dans la ville d'Abidjan. Elle l'est moins pour ceux du district d'Abidjan, encore moins pour ceux qui vivent dans les villes satellites d'Abidjan ainsi de suite. Cette nécessité décroit pour les automobilistes au fur-et-à mesure que l'on

---

[31] *Statistiques FMI* pour l'année 2016.
[32] *Le Monde.fr* du 13 mai 2015.

s'éloigne d'Abidjan. Pour les non automobilistes, le degré de nécessité direct est de moindre ampleur. Il est quasiment nul pour les populations rurales qui ne sont dans des conditions ni matérielle, ni de temps, ni de lieu pour utiliser cette infrastructure. La population rurale représente 46% de la population ivoirienne selon les dernières données issues du recensement général de la population. Les statistiques de la Banque mondiale font ressortir qu'en 2015, il y avait 16 voitures pour 1000 habitants. Soit un total de 384 000 véhicules pour l'ensemble des 24 millions d'habitants. Ses chiffres sont confirmés par le ministère des Transports qui estime à 300 000 le nombre de véhicules qui parcourent les artères d'Abidjan qui regroupent plus de 87% des véhicules ivoiriens.

Par ailleurs, l'on dénombre environ 2,2 millions[33] de personnes qui se déplacent à Abidjan régulièrement par jour. L'on peut, à partir des statistiques ci-dessus, déterminer un taux de nécessité pour le troisième pont d'Abidjan.

Taux de nécessité par rapport à la population ivoirienne qui se déplace est 2,2/24x100 = 9,16%.

Même en y incluant tous ceux qui en tirent un avantage indirect, le taux de nécessité ne peut dépasser 15% de la population totale.

Il s'ensuit donc que ce pont se situe loin dans la hiérarchie des besoins de la population comparés, par exemple, au prolongement de l'autoroute, ou à l'équipement des hôpitaux, à l'approvisionnement en eau potable ou en électricité. Les statistiques de la Banque mondiale estiment, en 2015, à plus de 49% la part de la population qui n'a pas accès à l'électricité.

Mais le troisième pont est plus conforme au schéma de développement tiré de la structure du capitalisme. Le sensationnel entretient bien l'illusion. Ceux qui jugent le gouvernement ivoirien ont une connaissance de la Côte d'Ivoire qui ne dépasse guère les bords de la lagune Ebrié.

---

[33] Ministère du plan et du développement, *Rapport d'une enquête sur la demande de transport dans le grand Abidjan*, août 2013.

C'est, en premier, à leur endroit que cette infrastructure s'adresse.

Par ailleurs, l'impact de ce pont sur la transformation efficace de l'infrastructure économique ivoirienne est tout aussi très insignifiant. Or, l'une des faiblesses des économies africaines est l'inadéquation entre la production et les infrastructures économiques. La production économique nationale est incapable de soutenir l'infrastructure économique. C'est l'un des traits caractéristiques majeurs des économies qui assurent leur croissance par l'endettement au lieu de la production. C'est aussi l'une des raisons fondamentales de la dégradation continue et précoce de nombreuses infrastructures en Côte d'Ivoire. Il suffit de faire un tour dans les tours administratives qui ont participé, jadis, à l'illusion d'un développement, pour se convaincre de la fausseté des choix. Très peu de ces tours ont encore des ascenseurs fonctionnels. Les crevasses, qui envahissent des routes fraichement ouvertes ou asphaltées, sont l'expression d'un manque d'entretien rendu plus ardu par les défauts de construction. La conséquence sur l'endettement des pays africains est énorme. (Nous y reviendrons). Aucune étude sérieuse n'a jamais expliqué, pourquoi les 670 kilomètres de voie ferrée sont quasiment inexploités actuellement. Parce que cette voie ne répond plus aux normes du moment. Les locomotives qui s'alimentent à partir de la combustion des hydrocarbures sont totalement révolues. Aujourd'hui, l'essentiel des trains voyageurs s'alimente en électricité. L'écart entre les rails a également été modifié pour s'adapter aux nouveaux trains. L'infrastructure ferroviaire ivoirienne est obsolète. Mais la production économique, pour soutenir cette infrastructure, est si faible qu'il est quasiment impossible de la remettre en état sans recourir à un endettement sans retour sur investissement comme, c'est souvent le cas, pour une bonne partie de l'infrastructure économique ivoirienne.

L'infrastructure d'un pays est un tout indissociable. C'est un univers à plusieurs composantes. Ces composantes peuvent être regroupées en deux ensembles interactifs : l'infrastructure de production et l'infrastructure de soutien à la production. Le premier type d'infrastructure se rapporte de façon immédiate aux différents moyens de production. Prenons l'exemple d'une usine de fabrication de chaussures. L'infrastructure de production rassemble la force du travail des ouvriers, les outillages qui forment la chaine de production y compris tous les aménagements et agencements y afférents de façon immédiate, le bâtiment qui abrite l'usine, etc.

Une fois produite, la paire de chaussure doit emprunter un circuit jusqu'à son acheteur potentiel. Ce circuit passe, soit par une voie routière, soit par une voie ferroviaire, soit encore, par voie fluviale ou maritime. Tout cet attelage forme l'infrastructure de soutien à la production. Il reste bien attendu que ce qui constitue une infrastructure de soutien pour l'un peut être une infrastructure de production pour l'autre.

Qu'elle soit l'une ou l'autre, l'infrastructure économique entretient des rapports dialectiques avec la production nationale. Une infrastructure qui ne repose pas sur une production suffisante est un investissement à perte qui tombe très vite dans l'obsolescence. Une production sans infrastructure de production ne peut être qu'insuffisante si elle n'est pas tout simplement impossible ; sans infrastructure de soutien, cette production devient inutile. Comme des siamois qui partagent des organes vitaux ensemble, le sang qui ravitaille les organes vitaux de l'infrastructure et la production est l'impôt. C'est en effet le prélèvement fiscal opéré sur la production qui permet l'entretien et le renouvellement de l'infrastructure économique dont la santé accroit la production. C'est pourquoi, tout investissement infrastructurel doit faire l'objet d'une étude pour établir son degré de nécessité en rapport avec la production. L'expérience des « éléphants blancs », nom donné aux infrastructures « clé à mains » onéreux mais improductifs sont encore de mémoire très fraiche. Il suffit de regarder le tracé des voies de communication héritées de la période coloniale pour comprendre le rapport que ces infrastructures entretenaient avec la production économique coloniale. En effet, elles sont tracées pour lier le nord au sud. C'était l'axe majeur qu'empruntait la production économique coloniale. Celui qui investit dans l'infrastructure de soutien en délaissant l'infrastructure de production travaille en vain.

Qu'observons-nous dans les économies africaines ? Prenons le cas de la Côte d'Ivoire. Il est superfétatoire de rappeler que l'économie ivoirienne repose pour plus de 80% sur le secteur primaire dominé totalement par l'agriculture. Paradoxalement, l'on constate très peu d'initiatives de modernisation de l'infrastructure de production en rapport avec l'agriculture. L'on utilise toujours les outils hérités des temps immémoriaux. Tout reste encore axé autour de la force humaine. La conséquence est que le secteur de l'agriculture retient encore un nombre élevé de ressources humaines. Un rapport du ministère de l'agriculture [34] estime à, en moyenne, 66% la population agricole active par rapport à la population active nationale. En assurant plus du 1/3 du PIB, soit environ la moitié des recettes d'exportation et le tiers des recettes fiscales, l'agriculture reste le secteur clé de l'économie ivoirienne. Paradoxalement, *« malgré sa forte contribution à l'économie nationale, la population rurale est de plus en plus pauvre avec plus de 62% de pauvreté en 2008 contre 49% en 2002. »* [35] Les raisons de ce paradoxe tiennent pour l'essentiel du fait que, compte tenu de la faiblesse de l'infrastructure de production, le secteur agricole retient beaucoup de personnes. Dans ces conditions, il va de soi que, plus ils sont nombreux à se partager les revenus issus de leur activité, faible est la part de chaque agriculteur. En effet, considérons le Revenu agricole global (Rag) perçu par l'ensemble des cultivateurs ivoiriens du fait de leur activité, et la Population agricole globale (Pag) de la Côte d'Ivoire ; Le Revenu moyen par agriculteur (Rma) s'obtient selon la formule suivante : Rma = Rag/Pag.

Il n'existe que deux possibilités pour accroître le Rma :

- Soit l'on augmente le Rag. Cette option n'est possible aussi que dans deux cas. En effet, soit l'on

---

[34] *Rapport national sur l'état des ressources phylogénétiques pour l'alimentation et l'agriculture*, octobre 2009.

[35] *Idem*, p. 11.

augmente le prix d'achat des produits agricoles auprès des paysans, soit l'on augmente la production agricole. Le premier cas me parait très peu plausible compte tenu de l'équilibre que le gouvernement recherche en permanence entre les cours internationaux desdits produits et ses recettes fiscales. Il ne reste alors que le second cas qui consiste en l'augmentation de lå production agricole. Dans l'état actuel de l'infrastructure de production du secteur agricole, ce cas n'est possible que par une augmentation parallèle de la population agricole. Or, en multipliant de façon concurrentielle Rag et Pag, l'on n'affecte nullement Rma puisque, en définitive, Rag x Y/Pag x Y=Rag/Pag.

- Soit l'on diminue Pag en gardant Rag en constante progression. Cette option n'est possible que par le remplacement d'une partie de la population agricole par les machines. Cette option est la seule qui combat efficacement la pauvreté, puisqu'elle augmente sensiblement, les revenus des populations agricoles.

Les statistiques en la matière sont très parlantes en France par exemple. Là-bas, en 2013, l'on a dénombré 854 100 personnes travaillant de façon régulière dans les exploitations agricoles[36]. Les 3/4 de ces personnes travaillent dans une moyenne ou grande exploitation créé par des associations de cultivateurs agissant en coopérative ou en société. Comparée à la population française active (28 577 000 en 2013), la population agricole française constitue la portion congrue de celle-là, soit moins de 3% (854 000/28 577 000)%. C'est cette population qui nourrit toute la France et qui exporte les excédents.

Par ailleurs, cette agriculture est en harmonie avec les besoins vitaux de la population française. Elle produit du blé, du vin, de l'avoine, des pommes, de la protéine animale, etc. parce que les français mangent du pain, de la viande et boivent du vin. La population agricole française, bien que

---

[36] *Agreste-recensement agricole 2010 et enquête structure 2013*, ministère de l'agriculture, France. Agreste.agriculture.gouv.fr.

faisant de la production vivrière, n'est pas pour autant pauvre. Il s'en suit donc que, contrairement à la politique qui sous-tend l'agriculture en Côte d'Ivoire, l'agriculture vivrière améliore le revenu des exploitants de ces cultures autant, sinon plus que, les cultures de rente. La pauvreté du monde agricole en Côte d'Ivoire n'est donc pas liée à l'objet de la culture, mais plutôt à l'infrastructure de production. C'est en améliorant celle-ci que l'on améliorera les conditions de la population paysanne.

Il se pose, ici comme ailleurs, la problématique du choix du développement de l'Afrique. L'infrastructure de production reste encore au stade primitif. L'on continue de marcher sur plusieurs kilomètres pour atteindre une terre fertile. L'on continue d'utiliser, qui la machette, qui la houe et, les plus chanceux, l'attelage pour faire l'agriculture. La querelle entre éleveurs et cultivateurs pour l'utilisation des pâturages, conséquence de la faiblesse de l'infrastructure agricole, persiste. La mauvaise priorisation des infrastructures impacte la population agricole elle-même. L'illustration en est fournie par la carte sanitaire ivoirienne. De Korhogo jusqu'à Abidjan, de Man à Abidjan, de Bondoukou à Abidjan, de San-Pedro à Abidjan, aucun hôpital, ni universitaire, ni régional ne possède le basique instrument médical qu'est devenu le scanner. L'infrastructure routière qui dessert l'hinterland, à partir du port d'Abidjan, est sérieusement détériorée.

L'infrastructure économique africaine est dessinée pour rester conforme à la division du travail au niveau international entre les pourvoyeurs des matières premières et les pourvoyeurs des produits industrialisés et des services à haute valeur ajoutée. Pire, dans une vue perspective plus grande, l'infrastructure de l'économie mondiale, dans son ensemble, est devenue la propriété privée d'une minorité basée essentiellement en Occident qui a su accumuler le capital issu de l'exploitation de la classe pauvre depuis plusieurs siècles. Cette minorité continue d'exploiter, maintenant à moindre coût, la classe prolétaire qui ne fait que s'élargir. L'un des mécanismes d'exploitation inventé avec succès au milieu des années 60, a été porté à son paroxysme dans le milieu des années 70. Ce mécanisme repose sur l'endettement des pays pauvres dont l'écrasante majorité se retrouve en Afrique. Dans le paragraphe qui suit, nous nous attèlerons à expliquer pourquoi la politique de l'endettement de l'Afrique participe à la politique de l'illusion.

En Afrique, l'effet illusionniste du sensationnel a fabriqué un autre type de croissance : la croissance économique appauvrissante ; parce que cette croissance est portée, pour l'essentiel, par les grands travaux de constructions d'infrastructures financés suivant des modèles qui ont très peu d'impact sur la pauvreté. A ce niveau, le péril n'est plus seulement occidental mais, aussi oriental.

A- Le paradoxe des croissances appauvrissantes

Les critères de performances des économies africaines, importées *mutatis mutandis* de l'Occident, ne coïncident pas avec les réalités sociales du terrain. Tel est le paradoxe des économies africaines qui affichent des taux de croissances élevés sans pour autant combattre efficacement la pauvreté. Ces critères satisfont les officines de l'ultralibéralisme sans satisfaire les populations africaines. Des sections très importantes de la population vivent dans des conditions de grande rareté, y compris du minimum comme les sanitaires à un point tel que, chaque saison de pluie est redoutée des populations. Au Ghana, le phénomène de « Galamsey », les orpailleurs clandestins qui affrontent tous les dangers au péril de leur vie pour mener cette activité ultra-dangereuse, constitue une illustration parfaite de la grande pauvreté de la population ghanéenne.

Au Sénégal, une cité ultramoderne, financée par des fonds du Golfe arabique, est en passe de sortir de terre, à proximité d'une des parties les plus pauvres de Dakar qui manquent du minimum de confort tel que l'électricité et l'eau. Les populations de ces quartiers sombres ne demandent rien d'autre à leur gouvernant que ce minimum vital. Ils ne l'auront pas. En lieu et place, elles se contenteront d'observer l'ultra luxe qui ne manquera pas d'insulter leur conscience.

De façon général, le schéma est identique partout en Afrique subsaharienne. Entre deux voyages dans une capitale africaine, l'on note toujours un changement. Ces changements infrastructurels boostent la croissance économique. De 2012 à 2014, la croissance économique ivoirienne a été forte parce que portée par des grands travaux d'infrastructures dont, notamment, le troisième pont. Depuis que ces travaux, pour lesquels les financements avaient été déjà acquis sous le régime précédent se sont ralentis, l'économie ivoirienne enregistre des croissances de moindre importance. Malgré cette forte croissance enregistrée dans les années 2012 à 2014, en 2015, le taux de pauvreté était resté dans les limites de la période de la guerre civile. Certaines sources avancent que ce taux se serait dégradé davantage. En fin 2014, le représentant local de la Banque mondiale exprimait ses inquiétudes en ces termes :

« *La Côte d'Ivoire est confrontée à des taux de pauvreté inquiétants, surtout par rapport au potentiel énorme dont dispose le pays. Près d'un habitant sur deux est considéré comme pauvre selon les chiffres officiels* »[37]

Même si le gouvernement ivoirien tente de minimiser cette réalité en se fondant sur une enquête qu'il a diligentée auprès de l'Institut national des statistiques (Ins), qui révèle que ce taux de pauvreté est passé « *de 51% en 2011 à 46% en 2015* »[38], la réalité quotidienne des populations prend à défaut le résultat de cette enquête. Il est en effet difficile de soutenir une telle affirmation dans un contexte marqué par de nombreux remous sociaux que l'on observe ici et là dans le pays à cause, entre autres, de la cherté de la vie, de la chute et la mévente du cacao qui constitue le moteur de l'économie. Cette affirmation est également contredite par le faible taux de l'indice du développement humain en occupant la 174e place en 2016 contre 172 en 2012.

Cette dichotomie entre croissance économique forte et pauvreté forte que l'on observe partout en Afrique

---

[37] Ousmane Diagana, chef des opérations de la Banque mondiale en Côte d'Ivoire dans J.A du 12 novembre 2014.

[38] Compte rendu du conseil des ministres du 20 septembre 2015.

subsaharienne, n'est pas une fatalité. Elle est la résultante logique d'un choix de développement qui renverse les priorités des populations. Les gouvernements africains qui se sont tous lancés dans la promotion du sensationnel au détriment du nécessaire se lient dans des types de contrats de construction qui créent, en définitive, une sorte de croissance fictive.

Pourtant l'idée d'une propulsion économique par les grands travaux de l'Etat constitue une expérience qui a fait ses preuves sous d'autres cieux. L'idée, en elle-même, n'est pas mauvaise. Les économistes attribuent la paternité de cette solution au président américain Franklin Delano Roosevelt (1882-1945) qui a implémenté avec succès la théorie de Keynes.

Le mardi 29 octobre 1929 dit mardi noir, une crise économique dont les signes annonciateurs étaient pourtant perceptibles plusieurs années avant, selon William Engdahl[39], éclate aux Etats-Unis. Comme un séisme de forte amplitude, les effets se font ressentir dans toutes les extrémités du monde capitaliste, y compris dans ses ramifications coloniales en Afrique, comme le montre le Pr Pierre Kipré.[40]

Pour résorber la grosse crise économique et financière de 1929 qui avait déjà attiré l'attention du monde sur les limites structurelles du marché à réguler, à lui seul, l'économie du monde, le candidat, puis le président Roosevelt propose une série de mesures vigoureuses à la hauteur des défis du pays. Ces mesures prennent l'appellation de « New Deal ». Parmi ces mesures, figure, en bonne place, la réalisation des grands travaux. Par ces travaux, Roosevelt entend booster l'offre de l'emploi et, par voie de conséquence, la consommation domestique qui a drastiquement diminué du fait de la persistance du chômage suite à la faillite économique globale. Le New Deal de Roosevelt apparaît comme la première

---

[39] W. Engdahl, *Le pétrole, une guerre d'un siècle. L'ordre mondial anglo-américain,* édition Pluto press London traduit par Jean-Cyrille Godefroy. p. 82.

[40] P. Kipré « La crise économique dans les centres urbains en Côte d'Ivoire, 1930-1935 » in *Cahiers d'études africaines* n°61-62, 1976, p. 119-146.

expérience américaine de l'Etat providence. En diminuant le nombre d'heures de travail compressé entre 35 et 40 heures suivant les secteurs d'activité et, en lançant les grands travaux, le New Deal fait de l'emploi, le pilier de la relance économique et de la lutte contre la pauvreté. Il concilie trois intérêts : le renforcement de l'infrastructure économique, la création d'emplois, et la relance de la consommation domestique. Malgré les critiques des ultralibéraux américains, auteurs pourtant de la catastrophe de 1929, le New Deal de Roosevelt aura permis à la « Works Progress Administration », l'équivalent du Bnedt ivoirien, de construire pour les Etats-Unis :

- *1million de km d'autoroute*
- *1 500 km de pistes d'atterrissage*
- *124 000 ponts*
- *8000 parcs et 18 000 terrains de sport*
- *135 000 km de canalisations*
- *69 000 lampadaires d'autoroutes*
- *125 000 bâtiments publics dont 41 000 écoles.*[41]

En moins de 10 ans, le New Deal a donné un nouveau visage à l'économie américaine et a contribué à hisser les Etats-Unis d'Amérique au rang de leader mondial à l'entame de la Deuxième guerre mondiale. Il convient de relever que la politique de réalisation des grands travaux était soutenue par une kyrielle de mesures, toutes destinées à booster la consommation et à lutter contre la pauvreté.

Pourquoi cette politique de grands travaux, reprises après par beaucoup de pays, y compris le plan Marshall, a du mal à prospérer en Afrique ?

La réponse se trouve dans les modalités de financement et d'exécution desdits travaux. L'on en retiendra deux essentiellement :

- Les modalités de l'Occident
- Les modalités de l'Orient.

---

[41] *Slate.com* du 06/11/2011.

1) **Le schéma occidental du financement des grands travaux africains : le retour à la source.**

Partout où il y a compétition, l'on ne fait guère la passe à l'adversaire. Malgré tous les regards et tous les propos emprunts de commisération et de paternalisme pour l'Afrique, cette règle implacable est observée dans les rapports économiques que les puissances étrangères entretiennent avec l'Afrique. La mondialisation et toutes les règles commerciales et économiques qui la portent, laissent l'Afrique à découvert. Dans ce vaste village qu'est devenu le monde, l'Afrique est devenue le prolongement des territoires économiques des pays dits développés. Les règles économiques font que les grosses entreprises occidentales opèrent en Afrique comme dans leur pays d'origine. La conséquence est que tous les fonds, de quelle que manière qu'ils parviennent à l'Afrique, retournent sous diverses formes en Occident. Prenons deux exemples à titre illustratif.

La réalisation du projet du train urbain est attribuée, fusil à la tempe, à l'un des fleurons du CA 40. Son coût est estimé à environ 1000 milliards de F Cfa, soit 1,5 milliard d'Euros. C'est un projet énorme qui devrait avoir une conséquence immédiate sur l'économie en ce que, telle une source d'eau jaillissante, elle s'irradierait dans tous les petits recoins de l'économie à travers divers canaux tels que l'impôt, la sous-traitance avec des PME locales, la fourniture de certains services par des prestataires locaux, l'emploi de la main-d'œuvre locale, et, enfin de compte, la consommation. Malheureusement, structurellement, dans ce type de marché en Afrique, certains canaux et non les moindres sont volontairement bouchés.

- **L'impôt**

Les fonctions politiques, économiques et budgétaires ne constituent plus une curiosité pour quiconque s'intéresse, au minima, à l'étude des finances et de l'économie, même si, à raison, sa fonction budgétaire est la mieux connue. Les investissements directs étrangers, dans n'importe quel pays, intéressent le gouvernement, entre autres et notamment, par les recettes budgétaires qu'ils engendrent immédiatement ou médiatement. En effet, l'entreprise étrangère, qui se déploie dans un pays, est un contribuable direct qui participe à l'effort de la nation par les impôts qu'elle paie du fait de son activité économique. Elle participe également, de façon indirecte, à l'accroissement des recettes fiscales, donc du budget, par les canaux collatéraux qu'elle irrigue du fait de son activité économique. Les salariés qu'elle emploie et les entreprises, petites ou grandes, qui fournissent diverses prestations de services ou de biens, sont autant de contribuables. Ils participent, chacun en ce qui le concerne, à l'alimentation du budget, soit par les revenus qu'ils se procurent du fait de leurs liaisons avec l'entreprise principale, soit par la consommation des biens ou des services qu'engendrent, inévitablement, leurs activités découlant de leurs connexions économiques avec l'entreprise principale. Il y a une sorte de chaine économique infinie, qui part de l'entreprise étrangère qui se déploie sur le territoire national. Cette chaine économique élargit l'assiette de l'impôt et crée une multitude de matières imposables. C'est cette capacité présumée à créer autant de centres d'intérêts qui fait dire, par ses défenseurs, que le capitalisme reste la clé du succès de la société humaine des trois derniers siècles de l'Humanité. Mais ce tableau idéaliste ne coïncide pas avec les réalités économiques, nulle part, surtout en Afrique. Le capitalisme ayant soumis totalement partout l'Etat, il s'est octroyé plusieurs avantages au détriment de la masse de ses obligés. Les multinationales deviennent les vrais maitres de la politique économique des Etats. La mondialisation, que les multinationales ont imposée au monde, a abouti à une déréglementation des normes économiques. Ce sont elles qui, en définitive, sont les vrais législateurs de l'impôt dans les pays. Ce qui vaut pour les pays solides, le vaut, à plus forte raison, pour les pays faibles d'Afrique.

Les codes des investissements des pays africains, inspirés de l'idéologie ultralibérale, limitent la portée de l'impôt. L'impôt ne joue plus son rôle en Afrique alors que celle-ci en a plus que besoin. Les multinationales opèrent en franchise d'impôts surtout quand elles sont attributaires des gros chantiers en Afrique. Une bonne partie des recettes attendues, par exemple, des travaux du train urbain, ne sera pas perçue par l'Etat du fait des nombreux avantages fiscaux qui s'attachent inéluctablement à ces genres de contrats de prestations. Non seulement l'Etat ne récolte pas la totalité de ses recettes mais, dans le cadre des Bot, il est tenu de combler le déficit des comptes d'exploitation des multinationales. Le déficit d'exploitation mis à la charge de l'Etat ivoirien par la société Bouygues, concessionnaire du troisième pont d'Abidjan, va de façon crescendo, d'une année à une autre, depuis sa mise en service en 2014. Ce déficit, qui était déjà de l'ordre de 12 milliards de F Cfa, s'est doublé en 2016 pour atteindre la somme de 25 milliards de F Cfa.

Il en sera ainsi pour le train urbain. L'Etat ivoirien s'est endetté sur le marché financier européen pour faire réaliser des grands travaux par les multinationales européennes, qui paient l'impôt au minima du fait des avantages fiscaux qui leur sont octroyés. Et, pour bien couronner leur domination, l'Etat est contraint d'affecter une partie de ses recettes collectées ailleurs, pour combler les déficits d'exploitations des infrastructures que ces multinationales exploitent. L'illusion du sensationnel coûte très cher aux Etats africains, surtout quand les acteurs économiques nationaux ne sont que des *factotums*, dans la construction de ce beau.

- **La part congrue des acteurs économiques nationaux.**

Qu'ils soient salariés, ou PME, les acteurs économiques nationaux ne tirent pas pleinement bénéfice des effets économiques des grands travaux en Afrique. Les grands travaux sont comme les traces qu'un éléphant laisse dans un marécage. Ces traces servent d'habitacle pour batraciens et leurs larves. En d'autres termes, les PME irradient l'action des grands travaux dans tous les canaux économiques de la nation.

Les grands travaux ont aussi une grande capacité de résorption de la main-d'œuvre, y compris la moins qualifiée. Ce sont donc des moyens efficaces de lutte contre le chômage. Pour accroître sa capacité de fournir du travail, Roosevelt avait suggéré que les grands travaux, réalisés dans le cadre du New Deal, aient recours, autant que cela se peut, à moins de machines afin de laisser la place aux ouvriers et autres manœuvres. Mais les choses ne se présentent pas ainsi en Afrique. Prenons l'exemple du train urbain d'Abidjan.

Pour la réalisation de ce projet très cher, il faudra fournir des rails ainsi que tous leurs accessoires. Aucune fonderie ivoirienne ne produit ces rails. Elles viendront donc, tout naturellement d'Europe, probablement de la France. Dans ce cas, ce sont donc les fonderies françaises et la main-d'œuvre française qui vont tirer profit de la commande des rails nécessaires audit projet.

Il faudra un centre électronique et informatique de contrôle des trains. Aucune entreprise ivoirienne n'a cette compétence technique. Il faudra l'importer.

Il faudra des câbles électriques de plusieurs kilomètres qui seront produits par des entreprises françaises.

Sur le chantier lui-même, certaines taches exigent une qualification particulière et une expérience qu'il faudra rechercher outre-Atlantique.

En phase d'exploitation, les trains consommeront de l'électricité qui est vendue, en Côte d'Ivoire, par la Compagnie Ivoirienne d'Electricité (CIE), contrôlée depuis quelques temps par le groupe d'assureur français AXA. La production de l'électricité, vendue par la CIE, est assurée, en amont, entre autres, par une société du groupe Bouygues qui est leader du consortium chargé d'exploiter ce train.

En définitive, comme l'on peut constater, ce projet pharaonique a des retombées économiques plus importantes pour l'économie française que pour l'économie ivoirienne. Les Abidjanais auront un train urbain pour faire sensation, les travaux vont certainement booster la croissance pendant la phase de réalisation, mais cette croissance aura très peu d'incidence sur l'économie ivoirienne, dans ses composantes fondamentales.

Par ailleurs, avec son coût énorme, l'appui de l'Etat, pour sauvegarder l'équilibre financier de la concession, est quasiment une certitude. Donc, tout comme pour le troisième pont, le contribuable ivoirien sera sollicité pour entretenir l'illusion du sensationnel au détriment de l'efficace. Il ne sera pas surprenant, dans ces conditions, qu'au terme de la concession, ce train ne soit plus viable.

Le New Deal a fonctionné en Amérique parce que toutes les structures impliquées dans sa réalisation étaient américaines.

Le Plan Marshall a marché en Europe parce que, bien que le financement ait été assuré par les Etats-Unis d'Amérique, les travaux sur le terrain ont été conduits par les entreprises européennes avec du personnel européen.

Les grands travaux peinent à sortir l'Afrique de l'ornière de la pauvreté parce qu'ils sont exécutés dans un schéma opposé à ce qui s'est passé ailleurs.

La situation est pire avec les projets des puissances asiatiques.

2) Le piège asiatique

La guerre économique entre les puissances occidentales et les puissances émergentes, notamment, celles d'Asie, fait rage sur le théâtre africain. Chacun des ennemis se sert des armes dont il dispose pour prendre le meilleur sur les autres. Dans ce conflit, la Chine et, à un degré inférieur, la Turquie, qui ont besoin d'énergie et de matières premières pour soutenir leur grosse production économique, ne lésinent pas sur les moyens dont elles disposent.

En ce qui concerne la Chine, le système politique centralisé autour de l'Etat, premier acteur économique de la Chine, favorise un genre de troc, infrastructures contre matières premières énergétiques ou minérales. Dans ce genre d'opérations, les partenaires s'échangent, entre eux, ce qui manque à l'une des parties, contre ce que l'autre partie possède. Beaucoup de pays africains ont étoffé leurs infrastructures de bases en troquant leurs matières premières contre lesdites infrastructures. Les importantes réserves chinoises lui permettent d'investir dans les infrastructures en Afrique.

Les investissements chinois se rencontrent dans plusieurs pays africains sans distinction, ni de langue, ni de culture.

La Turquie, suit également les pas chinois en Afrique. La randonnée africaine du président Erdogan, l'année 2016, n'est pas passée inaperçue.

Mais, ce système de troc a un impact très faible sur les économies africaines. En effet, pire que les projets occidentaux, les projets asiatiques servent à financer directement les économies des pays qui financent lesdits projets. Tout ou presque, vient de ces pays. Le maître d'œuvre, la ressource humaine, même la non qualifiée, que l'on peut trouver sur place en Afrique, les matériaux de construction, y compris, parfois, les produits alimentaires destinés aux travailleurs expatriés, sont importés du pays qui exécute la construction de l'infrastructure.

Le train rapide éthiopien, financé et réalisé par les entreprises chinoises, est sous total contrôle chinois, depuis sa phase de réalisation jusqu'à sa phase d'exploitation. Les conducteurs, les contrôleurs de trains, y compris une partie des hôtesses, sont Chinois.

En 2016, une entreprise turque, bénéficiaire d'un projet d'infrastructure routière du gouvernement ghanéen dans la région du centre (Takoradi), avait importé tout, y compris le ciment et le gravier, de la Turquie. Toutes ces importations ont été faites en franchise de droits de douanes, pour ne pas alourdir davantage le coût dudit projet. A la fin des travaux, le reste du ciment avait été mis en vente, au Ghana, par l'entreprise turque. Le Ghana a eu son projet fini, mais sans incidence réelle, en termes de retombées économiques et budgétaires immédiates pour le pays. Ces exemples sont légion en Afrique. C'est pourquoi, l'on trouve des situations iconoclastes de pays qui entreprennent de gros chantiers publics et qui sont, en même temps, en situation de récession économique. C'est un paradoxe dans la mesure où ces travaux de grande importance visent, justement, à corriger les situations en récession économique. Nous sommes revenus à la case de départ des éléphants blancs qui ont participé à l'endettement énorme de l'Afrique dans un passé très récent.

Or, justement, l'un des mécanismes d'exploitation, inventé avec succès par l'ultralibéralisme au milieu des années 60 et porté à son paroxysme dans le milieu des années 70, repose sur l'endettement des pays pauvres dont l'écrasante majorité se retrouve en Afrique. Il convient donc d'expliquer pourquoi la politique de l'endettement de l'Afrique participe à l'économie de l'illusion.

B- La dette extérieure dans le processus d'expropriation de l'infrastructure économique africaine

Il faut comprendre que l'ordre économique et monétaire que nous connaissons aujourd'hui est le fruit d'un long processus. L'on pourrait situer son origine dans l'Angleterre du XIXe siècle. Depuis l'abrogation, en 1846, des lois sur le blé *(corn laws)* qui assuraient la protection de l'agriculture de la plus grande puissance économique de l'époque, le libre-échangisme, prôné par Adam Smith, est devenu l'épine dorsale des économies de l'Occident.

« Cette abrogation était fondée sur les vues prospectives de puissants intérêts marchands et financiers de la City, qui voulait pousser l'avantage décisif que leur procurait leur domination sur le monde et que le libre-échange ne pouvait qu'accroître au dépend des nations marchandes les moins développées »[42].

Autant dire, qu'à cette époque déjà, le parlement britannique est soumis au dictat de puissants groupes d'intérêts capitalistes qui se recrutent à la fois dans les grandes entreprises maritimes et dans la banque, les secteurs sur lesquels l'Angleterre exerce une domination sans partage dans le monde. L'objectif de ces grands groupes d'intérêts commerciaux et financiers va au-delà du territoire d'Angleterre. C'est le monde entier qui est visé. C'est le début du couplage entre la géographie et la politique que parrainent la finance et l'économie. Les travaux du géographe

---

[42] W. Engdahl, *Pétrole, une guerre d'un siècle*, p. 15.

britannique Halford Mackinder de la Société royale de géographie de Londres, connus sous le nom de *« Le pivot géographique de l'histoire »*, marquent le début de la théorisation sur le concept de la géopolitique telle que nous la connaissons aujourd'hui. L'Amérique qui se substitue à l'Angleterre comme *« nouveau cœur du monde »* dès les premières décennies du XXe siècle continue de s'inspirer des travaux du géographe britannique, pris en admiration par l'un des plus grands stratèges pour la sécurité américaine, Zbigniew Brzezinski[43]. Dans cette substitution de l'Amérique à l'Angleterre, le Dollar remplace la Livre sterling, comme monnaie unique de référence, le pétrole fait son apparition à côté de l'or comme matière première stratégique de premier ordre, le tout sous la conduite de Wall Street qui se joint désormais à la City. Le système de Bretton Woods créé par les Etats-Unis pour consolider le Dollar comme devise de référence mondiale confirme la continuité de la volonté des puissants groupes d'intérêts privés, notamment financiers de se bâtir le monde suivant leurs intérêts. L'économie de l'endettement fait partie de cette trouvaille stratégique qui permet d'assurer la mainmise des puissants groupes financiers et politiques sur le monde comme le dit si bien Henry Kissinger :

« Contrôlez le pétrole, vous contrôlerez les nations, contrôler la nourriture et vous contrôlerez les peuples, contrôlez la monnaie et vous contrôlerez le monde ».

Depuis 1914, la City, un peu plus tard, Wall Street et leurs partenaires, les grands groupes pétroliers anglo-saxons sont toujours à la manœuvre derrière toutes les crises politico-financières majeures. La crise de la dette des pays du Tiers-Monde est le fruit des manœuvres dolosives de ce groupe, lesquelles manœuvres ont commencé à la rencontre de Saltjöbaden telles que révélées par William Engdahl. Le schéma qui sort des travaux de cette séance de travail secrète se résume en trois phases :

---

[43] *Ibidem*. Z. Brzezinski est resté conseiller pour la sécurité américaine de plusieurs Présidents américains.

- Créer un conflit fictif entre Israël et le Moyen-Orient producteur du pétrole afin de provoquer une crise de pétrole qui aboutira à une hausse spectaculaire du prix du baril ;
- Capter en back up l'excédent des pétrodollars que la hausse des prix du pétrole va inévitablement engendrer au niveau des pays producteurs ;
- Recycler ces pétrodollars sous forme de prêts aux pays en voie de développement dont la croissance des années 60, basée sur la production agricole et industrielle, risquait de leur conférer à terme une plus grande indépendance vis-à-vis des groupes capitalistes financiers.

La guerre eut lieu effectivement en 1973 entre Israël et le monde musulman conduit par l'Egypte ; les pays producteurs du pétrole appliquèrent un embargo et une rationalisation de leur production et les cours du pétrole flambèrent ; l'élan de croissance économique des pays en voie de développement s'arrêta brusquement de sorte que pour relancer leurs économies, ils se tournèrent vers les banques anglo-saxonnes dans lesquelles étaient logés les excédents des pétrodollars des pays producteurs générés par la hausse des cours du pétrole. Le schéma avait parfaitement marché. En 1991, à la veille de la première guerre contre l'Irak, par exemple le fonds koweïtien logé à la City était estimé à plus de 100 milliards de dollars. Afin d'amplifier l'effet addictif à la dette des pays africains, le Fmi est appelé par le système pour contrôler plus étroitement l'économie desdits pays.

Malgré cet échec et l'appel de certains leaders progressistes comme Thomas Sankara[44] à une réaction uniforme de l'Afrique vis-à-vis de la dette, l'Afrique intellectuelle et politique continue de se diviser sur cette question.

Lorsque l'on ouvre ce débat, deux positions s'affrontent immédiatement. Il y a d'un côté, l'opinion de ceux qui

---

[44] Thomas Sankara, le 29 juillet 1987 à Addis Abeba lors du 25e Conférence du sommet des pays membres de l'OUA. Voir l'intégralité en annexe.

soutiennent que la dette n'est pas un frein au développement de l'Afrique ; au contraire, pour cette opinion, la dette accélère le développement de l'Afrique. C'est l'opinion soutenue et distillée par les institutions de Bretton Woods et les classiques formés et formatés dans le moule de l'ultralibéralisme financier.

Il y a de l'autre côté, l'opinion qui pense que la dette extérieure bloque le développement africain parce qu'elle détourne l'économie africaine de ses fondamentaux qui consistent à créer une richesse interne solide pour supporter son développement. Cette dernière opinion est celle portée par le courant progressiste africain animé par des hommes politiques comme Thomas Sankara, qui tirent les conséquences des 60 années d'échec de l'économie africaine. Il faudra inclure dans cette catégorie, le professeur Mamadou Koulibaly qui, bien qu'étant de l'école libérale, a une posture vis-à-vis de la dette qui tranche avec celle adoptée par les partisans de l'ultralibéralisme.

La dette met à la charge du débiteur le devoir impérieux de s'acquitter de celle-ci vis-à-vis du créancier aux échéances convenues. Généralement, le devoir de rembourser est assorti d'une garantie ou d'autres formes de suretés tels que le nantissement, l'hypothèque, la caution, l'aval d'un tiers etc. Ces différentes formes de garanties de la dette constituent une sorte de contrôle que le créancier exerce sur le débiteur. Dans n'importe quel contrat d'endettement, le créancier occupe une position de domination sur le débiteur jusqu'à l'extinction de la dette. C'est cette domination qu'exercent les institutions de Bretton Woods sur les pays africains. Le mécanisme de financement de leur économie imposé aux Etats vers le milieu des années 70 (loi française n° 73-7 du 3 janvier 1973), a soumis les Etats au contrôle et à la domination des marchés financiers, structure par excellence du capitalisme. En mai 1973, dans la fraicheur de la station insulaire de Saltsjöbaden[45] en Suède, les décideurs de l'ombre du nouvel ordre financier, au nombre de 84, tous

[45] Une station basée sur une île suédoise appartenant au banquier suédois Wallenberg selon W Engdahl, *op. cit*.

membres d'un groupe aux allures d'une secte, « le groupe de Bilderberg »[46], mettent à leurs pieds le monde entier. Les agences de notation, véritables sentinelles des Etats pour le compte des puissances financières, constituent l'illustration parfaite de cette mise sous tutelle des Etats. Au bout du compte, ce sont les Etats faibles qui sont les plus vulnérables. La dette va au-delà des questions économiques. Elle a une portée géopolitique majeure.

Lorsque l'on aborde cette question, les défenseurs de la politique d'endettement des pays africains avancent comme argument, au soutien de leur cause, le fait que les pays industrialisés soient eux-mêmes très endettés. Soit ! Mais l'impact de cet endettement sur la gouvernance desdits pays est très faible comparé à celui des pays africains comme en témoigne l'exemple des Etats-Unis.

1) L'endettement des Etats-Unis

Le site internet « *Atlantico* »[47], dans ses publications du 5 février 2016, a fait ressortir le montant astronomique de la dette américaine. Celle-ci se chiffre, à cette date, à 19 trillions de dollars américains. Les estimations la situent à plus de 30 trillions de dollars à l'horizon 2024. Elle est énorme et dépasse de loin le ratio admis de 70% du PIB. Prise dans son ensemble, la dette américaine représente 103% du PIB en 2016. La dette américaine est détenue par les grands contributeurs dans les proportions suivantes :

- 34% par des investisseurs internationaux dont certains Etats. La Chine et le Japon constituent les plus grands débiteurs parmi les Etats avec chacun près de 1 500 milliards de dollars suivis des pays de l'Opep.
- 41% par des institutions américaines (13% pour la Réserve fédérale qui est une institution privée, 13 %

[46] Un groupe d'hommes influents de la finance et de la politique du monde créé par le prince Bernhard des Pays-Bas. Il est attribué à ce groupe, la paternité des grandes décisions qui gouvernent l'ordre mondial.
[47] *www. Atlantico.fr*

pour les Etats fédérés et les banques privées et 15% pour le public).

En dépit de cette énormité de la dette américaine, celle-ci n'inspire ni crainte, ni inquiétude pour les Américains et pour le reste du monde. Au contraire, le Congrès américain, pourtant majoritairement de la droite conservatrice, a levé le plafond de la dette, instauré plusieurs années avant, pour maintenir la dette dans des proportions acceptables. Mieux, les *Treasury bonds* (T-bond), les *Treasury bill* (T-bill) continuent d'attirer les investisseurs. En effet, le gouvernement américain utilise l'un ou l'autre de ses instruments pour se financer sur le marché des capitaux. Les T-bond (les bons de trésor à long terme dont la maturité se situe à 10 ans) permettent de financer les projets à long terme. Quant aux T-bill, ce sont des bons de trésor américain de très court terme (un an tout au plus), qui servent à mobiliser les fonds pour le financement de certaines dépenses courantes.

Il y a une autre particularité de la dette américaine qui singularise le cas américain des autres. Il s'agit de la dette que l'on pourrait appeler, dette intra-américaine. Cette dette est constituée des emprunts que les Etats fédérés consentent à l'Etat fédéral américain.

Comme l'on peut le constater, la structure de la dette américaine, bien qu'étant énorme, ne constitue pas une menace pour son économie. Plusieurs raisons expliquent cela. *Primo*, les Etats-Unis sont les plus grands producteurs, les plus grands commerçants, les plus grands fournisseurs de services du monde. Leur PIB écrase de très loin celui des autres puissances économiques. En 2015 la hiérarchie des dix premiers PIB (en milliards $)[48] s'établit comme suit :

- Etats-Unis	17 947,000
- Chine	10 982,829
- Japon	4 123,258
- Allemagne	3 357,614

[48]Données de la Banque mondiale et du Fmi, repris par *fr.m.wikipedia.org*.

- Royaume-Uni 2 849,345
- France 2 421, 560
- Inde 2 090,706
- Italie 1815,757
- Brésil 1 772,589
- Canada 1 552,386

La Chine, la deuxième puissance économique, se situe à plus de 7 000 milliards $ derrière les Etats-Unis. Sur les 73 434 de milliards $ de PIB en 2015, les Etats-Unis en ont produit pratiquement le quart (17 947/73 434)%. La production américaine représente plus de 10 fois la production de toute l'Afrique réunie.

La qualité de fournisseur universel de biens et de services du monde entier place les Etats-Unis dans une posture de maître de l'économie mondiale. Dans ces conditions, ces principaux créanciers que sont, par exemple le Japon et la Chine, ne peuvent que prier Dieu pour que l'économie américaine se porte bien puisque, en définitive, leur sort en dépend. Une détérioration de l'économie américaine aura des effets dévastateurs sur l'économie des deux pays. L'on se trouve dans la position du créancier qui s'inquiète de la maladie de son débiteur, puisque la mort de celui-ci pourrait causer de graves conséquences à celui-là.

A cela, il convient de rappeler que les Etats-Unis constituent le premier partenaire commercial de la Chine ainsi que du Japon.

Par ailleurs, les réserves de change, c'est-à-dire, le stock de dollars dans la banque centrale chinoise se situait en fin 2015 à environ 3 200 milliards de dollars, soit à peu près, l'équivalent du PIB de la quatrième puissance économique du monde : l'Allemagne. Il s'en suit qu'une chute dramatique du Dollar américain suite à une mauvaise conjoncture économique de ce pays n'arrange pas la Chine qui réalise le maximum de ses exportations vers les Etats-Unis. Sans compter l'énormité des capitaux de la Chine et du Japon dans l'économie américaine et vice-versa. Consciente de cette faiblesse, la Chine et ses partenaires essaient de se doter d'une devise de référence qui sera portée certainement par le Yuan. De nombreux contrats commerciaux entre la Chine et ses alliés se font de plus en plus en yuan. La Chine veut se libérer de sa trop grande dépendance du Dollar. La crise financière engendrée par la décision de Nixon du 15 août 1971, de faire du Dollar une devise détachée de l'or, continue de hanter l'esprit des financiers et économistes japonais et chinois. Si cette zone monétaire se crée, elle constituera la seconde zone concurrentielle du Dollar après l'Euro dont l'avènement avait été prématurément annoncé comme marquant la fin de l'hégémonie du Dollar américain.

En définitive, l'endettement des Etats-Unis constitue une sorte de chantage que ce pays exerce sur les autres pays. Finalement, c'est tout le monde qui prie pour que l'économie américaine aille pour le mieux. Nous voyons très mal le Fmi et la Banque mondiale prescrire des remèdes toxiques aux américains pour les guérir de leur maladie d'endettement hypertrophique.

Secundo, la structure de l'économie américaine a favorisé la création des fonds spécialisés dans le crédit aux Etats y compris aux Etats-Unis eux-mêmes. Ces banques et autres agences de crédits financent l'économie de leur propre pays par l'endettement. Mais des fonds comme « les fonds de couverture » (Hedge funds) (les mauvaises langues les nomment les fonds vautours pour leur aptitude à dépecer les économies mortes ou mourantes), le fonds américain de prévoyance militaire qui détient un énorme capital immobilier à travers le monde, etc. constituent autant de chevaux de Troie profondément placés au cœur de l'économie de tous les pays du monde. Ces acteurs privés constituent autant de relais de la puissance économique américaine à travers le monde. A titre d'illustration, il convient de rappeler le contentieux qui oppose l'Etat argentin aux fonds américains. La Cour suprême fédérale des Etats-Unis, dans une décision historique et assez controversée rendue le 23 décembre 2014, a enjoint le gouvernement américain de révéler aux créanciers argentins l'ensemble des actifs que l'Argentine possède aux Etats-Unis. L'objectif de cette décision de la Cour fédérale américaine est de permettre aux créanciers américains de l'Argentine, notamment les fonds vautours, de saisir ces actifs afin de se faire rembourser leurs créances. Cette décision du juge suprême américain pose en elle-même toute la problématique des dettes souveraines. Ces dernières ont du mal à trouver un mécanisme de leur restructuration. En effet, alors qu'un juge peut contraindre des créanciers récalcitrants à accepter une restructuration de la dette d'une entreprise privée, dans le cadre du redressement judiciaire de cette entreprise, cette possibilité était jusque-là refusée aux Etats. Dans l'espèce, l'Argentine avait négocié un accord de règlement de sa dette avec 93% de ses créanciers qui ont formé, ce que l'on appelle « *des clauses d'actions collectives* » (Cac). Malheureusement, les fonds vautours, qui sont des créanciers américains minoritaires par rapport au nombre des autres créanciers, ont exigé, quant-à-eux, d'être remboursés sur la totalité de leurs créances. Les Cac fonctionnent selon la règle du consensus applicable à tous les porteurs de titres qui les acceptent. En d'autres termes, quand un pays restructure sa dette, il s'entend avec les porteurs sur les clauses d'actions collectives qui ont pour effet d'imposer à tous les porteurs d'un même titre ou émission la règle de majorité qualifiée. Les Cac fonctionnent suivant la sagesse « *au lieu de perdre tout, acceptons de gagner moins* ». Mais cette majorité de créanciers ne peut opposer les Cac à la minorité. Dans le cas argentin, les fonds américains exigent d'être remboursés sur l'intégralité de leurs créances. Or, en accédant à cette exigence des « fonds vautours », l'Argentine aura du mal à honorer l'accord conclu avec les 93% des autres créanciers qui pourraient, dès lors, à leur tour, remettre en cause les Cac. Ce que l'Argentine n'a pas voulu faire, le juge américain le lui a imposé. Cette digression sur l'exemple argentin montre comment les fonds privés américains prolongent la puissance américaine. L'endettement pour soutenir l'économie mondiale avantage l'économie américaine. Les plus-values engrangées par les nombreux placements financiers des fonds américains sont imposées aux Etats-Unis. C'est le Trésor américain qui gagne en bout de chemin. Tout comme les Etats créanciers qui restent, malgré leurs créances, les obligés de l'économie américaine, les créanciers internes du gouvernement américain restent également les obligés de celui-ci.

Ce qui vaut pour les créanciers publics étrangers et les fonds privés vaut plus pour les Etats qui composent la fédération des Etats-Unis. L'interconnexion qui existe entre ces Etats et l'Etat fédéral place les premiers dans une position de subordination économique par rapport au dernier. Qui peut imaginer la Californie souhaiter la « banqueroute » des Etats-Unis ou, tout au moins, imposer des restrictions économiques à l'Etat fédéral américain parce que ce dernier serait dans l'incapacité de rembourser ses dettes vis-à-vis du premier ? C'est une utopie. C'est pourquoi, « le surendettement de l'économie américaine » ne trouble le sommeil qu'à ses créanciers. Le financement de l'économie par l'endettement permet, en définitive, aux Etats-Unis, à un degré moins l'Angleterre, à travers leurs banques de contrôler, toute l'infrastructure économique du monde, en particulier, celle des pays pauvres. A ce propos voici ce qu'écrit un analyste financier de la crise de la dette mexicaine :

« *Pour les principales banques nord-américaines, dont la Citibank, l'essentiel est de gagner du temps. Elles ne peuvent inscrire à leur passif des créances sans risquer de compromettre leur solvabilité. Il leur faut donc, à tout prix, faire passer cette crise comme un incident sans gravité, lié à un problème contingent sans liquidité. Le cadre juridique exige que tous les membres des syndicats de créditeurs s'entendent collectivement sur la possibilité de nouveaux prêts destinés à rembourser -fictivement - les sommes dues, tout en proposant la mise au point d'un nouvel échéancier des remboursements. Les réticences à l'égard de cette stratégie sont considérables : elle est jugée à la fois risquée et coûteuses ; de plus les banques américaines semblent en être les seuls bénéficiaires – notamment la Citibank, pour qui il s'agit de vie ou de mort. A l'aide de Volker, Wriston mobilise l'autorité symbolique de Washington- et surtout leur réseau d'influence parmi les ministres des finances et les dirigeants des banques européennes et asiatiques participant à l'opération. Les acteurs de Wall Street sont ainsi en mesure d'éviter une intervention officielle du Département d'Etat ou de la Réserve Fédérale »*[49] .

Que l'on se rappelle la crise de la dette grecque pour comprendre l'influence du capitalisme financier piloté par l'Amérique sur la souveraineté des peuples. Malgré le choix sans équivoque du peuple grec, le capitalisme financier n'a pas hésité à violer la démocratie pour imposer ses choix.

Le dimanche 5 juillet 2015, la Grèce a procédé à un vote pour le moins inédit. En effet par un vote massif (plus de 60%), les Grecs alignés et soudés derrière leur gouvernement d'extrême gauche, ont dit non à l'orthodoxie financière et économique ultralibérale que l'Europe s'est imposée. Malgré la volonté affichée par le peuple et le gouvernement grecs de changer le cours de leur destin pris en tenailles par un ordre financier impitoyable, l'ordre financier rejette le droit du peuple grec de disposer de lui-même. Les tenants du *« capitalisme sauvage »*, pour reprendre l'expression du pape Jean-Paul II, obligent le gouvernement de l'Extrême-gauche à renoncer à ses choix politiques qui ont justifié pourtant le vote en sa faveur des citoyens grecs.

Par ailleurs, la dette américaine est stipulée en dollar, la monnaie américaine. Elle est stable. Elle n'est pas soumise aux aléas de la fluctuation du Dollar. En 1973, la hausse du Dollar avait fait exploser le stock de la dette des pays en voie de développement. Dans ce jeu, ce sont finalement les pays pauvres qui remboursent la dette américaine à la place des citoyens américains.

Malgré sa dette énorme, il est économiquement faux de dire que l'économie américaine vit de l'endettement ou que l'Amérique construit son économie sur la dette. L'économie américaine est, avant tout et surtout, construite sur la production et la valeur ajoutée que celle-ci génère. Le PIB américain le démontre aisément. Il n'y a aucune dichotomie économique à ce que celui qui produit plus s'endette

---

[49] Sreven Solomon, « 1995, the confidence game: how Unelected central bqnkers are governing the changes world economy », New York, Simon et Shuster, cité par Yves Dezalay et Bryant G. Garth in *La mondialisation des guerres de palais,* Seuil, Paris 2002, p.156.

facilement. Ce qui n'est pas le cas de l'Afrique illustrée par le cas ivoirien.

2) L'endettement de l'Afrique : cas de la Côte d'Ivoire

La Côte d'Ivoire, à l'instar de la quasi-totalité des pays africains, fonde son développement sur l'endettement. Les Ivoiriens ont été nourris dans les années 80 par des expressions, devenues familières, comme le rééchelonnement de la dette. La Côte d'Ivoire est donc coutumière des dettes. En dépit du fait établi que cette solution n'est pas viable pour assurer le développement du pays, l'endettement continue de former l'épine dorsale de la politique économique du pays. Même si le mode de financement par recours extérieurs a changé depuis 1980, en ce qui concerne les pays africains, les effets, en termes de dépendance vis-à-vis de l'extérieur pour les besoins de leurs financements, sont énormes. En effet, jusqu'en 1980, l'économie des pays africains était une économie d'endettement. Dans cette économie, les besoins de financements des acteurs économiques (Etats, secteur privé) étaient satisfaits à majorité par des crédits bancaires. Dans cette économie, les acteurs économiques s'endettent fortement auprès des banques qui, à leur tour, s'endettent auprès des banques centrales. Cette relation entre banques centrales et banques commerciales s'appelle le refinancement ; et constitue un droit pour celles-ci et une obligation pour celles-là. Le marché monétaire reste, dans le contexte de l'économie d'endettement, un marché uniquement bancaire et fermé. Il est assez rigide pour les acteurs économiques parce que les taux d'intérêts sont très peu flexibles puisque leur fixation est administrée, notamment par la banque centrale, au contraire du marché financier. Ce dernier s'est développé à partir de 1980. Il s'oppose au marché de l'endettement aussi bien dans son approche que dans ses effets sur l'économie de façon générale. Avec l'avènement des bourses, les besoins de financements se comblent directement sur le marché financier qui abrite l'épargne des ménages. La banque n'est plus la seule à capter cette épargne afin de financer les besoins des acteurs économiques. L'épargne devient donc un facteur important du développement économique de tous les acteurs, qu'ils soient publics ou privés. L'épargne, elle-même, s'est développée rapidement pour s'adapter à son rôle devenu majeur dans l'économie capitaliste. Elle n'est plus de forme liquide (constituée par l'excédent de la liquidité des ménages). L'épargne de précaution, qui prend la forme d'épargne sur titre (assurance maladie, assurance retraite, épargne pour perte d'emploi), prend de l'ampleur. L'épargne est donc une consommation différée. Dans cette optique, de nombreux fonds de prévoyance sont créés et dotés de réserves énormes. Le cas des fonds des pensions américaines en constitue la plus belle illustration. Les différents fonds américains qui brassent aujourd'hui plus de 23 000 milliards de dollars américains, sont devenus des orques sur le marché financier international. Ils ont un actif de plus de 100 milliards de dollars américains qui sont investis dans une diversité de produits de base. Aujourd'hui, ces fonds lorgnent du côté des terres agricoles où ils entendent injecter une quinzaine de milliards de dollars qu'ils projettent de doubler d'ici 2020. Touchés par la grave crise financière de 2008, les différents fonds de pension du monde, en général et en particulier ceux des Etats-Unis, trouvent dans les terres, ces placements à long-terme moins risqués pour leurs pensionnaires. Au total, les vingt premiers fonds mondiaux cumulent un actif de plus de 3 643, 395 milliards \$[50].

Avec un actif de 110, 976 milliards \$, le fond sud-africain, le « Government Employees pension Fund »[51] (Gepf), l'unique fonds africain qui abrite la retraite des fonctionnaires sud-africains occupe la 18e place. Il est très présent sur le marché des capitaux africains et il détient de nombreux actifs dans le secteur bancaire à travers l'Afrique.

Tous ces fonds opèrent sur divers marchés financiers, notamment les plus dynamiques que sont les marchés américains, européens et asiatiques. Ce sont autant d'acteurs privés qui alimentent, par exemple, le marché des euro-

---

[50] Pensions et investissements, 6 septembre 2010.

[51] Fonds des pensions des employés du gouvernement.

obligations ou eurobonds. Ces cinq dernières années, les pays africains se donnent rendez-vous régulièrement sur ce marché pour financer leur économie. Un autre marché financier s'est ouvert aux pays africains. Il s'agit du marché des pays arabes avec leur système de *sukuk*.

Le *sukuk* ou obligations islamiques (Islamic bounds) est structuré de telle sorte qu'il génère des retours sur investissement sans enfreindre la loi islamique. En effet, la Charia ou loi universelle islamique interdit les prêts avec intérêts. Pour contourner cette interdiction divine, les pays arabes placent leurs financements dans des investissements dans lesquels ils sont parties prenantes.

Dans le marché classique, le débiteur s'oblige vis-à-vis du créancier par le remboursement du capital de sa dette majoré des intérêts stipulés dans le contrat de prêt. Chaque obligation émise par le débiteur, sur n'importe lequel des marchés classiques, est assortie d'intérêts calculés au *prorata* du temps d'immobilisation de la créance et des risques qu'encourt ce placement. N'étant pas une action, l'obligation ne fait pas participer le créancier nominativement à l'investissement auquel est affecté le financement obligataire. Quand, par exemple, la Côte d'Ivoire recueille des fonds sur le marché européen pour construire une ligne de métro en Côte d'Ivoire, les détenteurs des obligations ne sont pas partie prenante de cet investissement. Leur remboursement est assuré quel que soit le résultat qui se dégagera de l'exploitation de cette ligne de métro. Le débiteur peut même changer la destination initiale pour laquelle l'investissement a motivé son appel de fonds. La rémunération du débiteur tient des intérêts stipulés dans le contrat de prêt.

Dans le système des *sukuk,* le créancier est interdit de recevoir des intérêts. Pour contourner cette interdiction stricte, le créancier garantit le paiement de sa créance par une prise de parts dans un investissement. En effet, trois types d'opérations financières sont interdits par la loi islamique. Ce sont :

- Les intérêts (riba)
- Les jeux (Maysir)

- Toute forme d'incertitude qui se rapproche aux jeux du hasard (Gharar).

En revanche, la Charia autorise le commerce, la mise en location, l'investissement et les services.

Afin de rester dans les limites de ce qui est autorisé, les transactions sur le *sukuk* emportent les conséquences suivantes :

- Les porteurs de *Sukuk* ne prêtent pas d'argent liquide mais financent directement les projets (entreprises).
- Les porteurs des *sukuk* forment un pool d'actifs pour lesquels ils reçoivent des bénéfices. Ils reçoivent donc des paiements réguliers générés par les actifs qu'ils contrôlent dans l'investissement. Ce qui rentre dans la catégorie, soit des mises en location, soit des investissements autorisés par la loi.
- Par ce système, il n'y a pas, à proprement dit, un prêt au sens classique du terme qui exige, à terme, le remboursement du principal. Pendant le temps stipulé dans le contrat de *sukuk*, l'emprunteur procède à une cession d'actifs au profit du porteur contre le versement par ce dernier, dans les mains du premier, du montant nominal du *sukuk*. A l'échéance du contrat de *sukuk*, l'emprunteur rachète l'actif au porteur. L'emprunteur paie au porteur la valeur nominale du *sukuk* qu'il avait reçu au début du contrat. L'acte de contrat de *sukuk* contient toujours une clause portant engagement d'achat, et le prix de rachat correspond au montant nominal du *sukuk*.

Prenons l'exemple de la Côte d'Ivoire.

Le 20 novembre 2015, le gouvernement ivoirien a lancé l'émission d'un *sukuk* de 150 milliards de F Cfa, soit environ 228 millions d'Euros. C'est le premier volet d'un programme de 300 milliards de F Cfa (448 millions d'Euros) pour son programme de financement sur *sukuk* pour la période 2015-2020. En contrepartie de ce financement, le gouvernement ivoirien a cédé, pour la période de ce *sukuk* selon l'hebdomadaire *Jeune Afrique*, l'immeuble CCIA, l'immeuble Postel 2000, et d'autres actifs immobiliers correspondant au montant des 150 milliards du montant du *sukuk*. Il lui faudra également le même montant d'actifs pour bénéficier du dernier *sukuk*. D'autres biens de l'Etat seront donc cédés au pool des porteurs des *sukuk* qui recevront des loyers sur lesdits immeubles. Prenons le cas de l'immeuble Postel 2000. Il est occupé dans sa quasi-totalité par les ministères qui sont des structures de l'Etat. Ces dernières ne générant aucun revenu, l'Etat est obligé de payer le loyer de ses ministères au pool des différents porteurs des *sukuk*. La conséquence immédiate est que, au moment où l'Etat investit dans de nouveaux projets le fruit de ses *sukuk*, il est obligé de délaisser certaines charges d'entretien des autres investissements qui ne manqueront pas de se dégrader. On investit d'un côté et on détruit de l'autre. C'est le sort du serpent de mer qui se mord la queue.

L'opération des *sukuk* n'a d'intérêt pour l'emprunteur que lorsque le montant est investi dans des projets qui accroissent, de façon directe et immédiate, la production, de sorte que le projet génère lui-même les loyers à payer au titre des *sukuk*. La Tunisie projette de lever 1 milliard de dinars soit 500 millions de dollars américains pour relancer son tourisme durablement touché par les dernières attaques terroristes. Une telle démarche se comprend puisque le tourisme est l'un des secteurs clés de l'économie tunisienne. Il est évident que cet investissement assurera, de lui-même, de façon directe et immédiate, le loyer de ce *sukuk* ainsi que le remboursement du nominal à son terme. Mais ce n'est pas le cas de la Côte d'Ivoire qui investit le *sukuk* dans des investissements de prestige pour nourrir l'illusion de l'émergence.

Cette digression sur le *sukuk* met à nu la faiblesse de la politique économique ivoirienne basée sur un endettement sans limite. Tout endettement qui ne s'adosse pas sur une augmentation de la production est une opération illusoire. Le danger des nouveaux modes d'endettement de la Côte d'Ivoire, à l'instar des pays africains, est énorme au bout de compte. Autant il est facile de convaincre un pays d'abandonner ses créances vis-à-vis d'un autre pays, autant il est difficile de convaincre des prêteurs particuliers d'en faire autant. Les différents fonds qui alimentent les divers marchés financiers sont des fonds privés. Il suffit de voir le traitement réservé à la Grèce et à l'Argentine, avec notamment, la décision de la Cour fédérale américaine dans l'affaire des « Fonds de couverture », pour se rendre compte du danger qui plane sur la Côte d'Ivoire. Il est certain qu'un jour, pas très loin en tout cas, la Côte d'Ivoire, qui s'endette à un rythme plus accéléré que la production nationale, en arrive à une situation de cessation de paiement. La nature des dettes laisse très peu de chance à leur annulation puisqu'il s'agit de dettes de personnes privées qui viennent généralement des fonds de pension. Qui obligera un retraité à renoncer à sa pension parce qu'un débiteur mal avisé aura été incapable de rembourser sa dette ? Le programme Ppte élaboré au bénéfice des pays du Tiers-Monde fut le fruit d'une lutte de plusieurs années menées par lesdits pays. Cette lutte fut l'œuvre des pays dit « Non-alignés » entamée depuis le sommet de Colombo de 1976. Il est très peu probable qu'une telle initiative soit prise de sitôt.

La dette tiendra liée l'économie de la Côte d'Ivoire pour longtemps. L'utilisation de la dette dans des investissements à faible impact sur la production condamne les générations futures. C'est pourquoi, il me semble urgent d'impliquer le peuple dans la constitution et la gestion de la dette. Il est urgent que le parlement ivoirien, à défaut d'autoriser au préalable chaque contrat d'endettement, fixe un plafond qui ne peut être dépassé. Il s'agit de l'avenir de la Côte d'Ivoire. Il faut bien se rendre compte du lien de causalité qui unit la colossale dette de la Côte d'Ivoire, constituée dans les années 70, à toutes les crises sociales qui ont débouché sur les violentes crises politiques de 2000. Les coupes sombres opérées dans les budgets des secteurs sociaux, pour répondre aux exigences des créanciers, ont fragilisé la cohésion sociale. La frange de la population la plus nombreuse et la plus exigeante ne pouvait accepter de se sacrifier sur l'autel d'une propagande économique pour entretenir une idéologie d'illusion. En 1990, lorsque la jeunesse se révoltait, les belles tours de la cité administrative et des nombreux autres gratte-ciels du Plateau étaient pourtant bien là, comme l'illustration d'un Manhattan tropical, créé aux forceps, pour glorifier le succès de la politique africaine de la France. La probabilité qu'une telle situation se répète à un horizon plus proche est très élevée ; parce que, comme naguère dans les années 70, l'infrastructure ivoirienne a servi de cache sexe pour couvrir l'échec de la décolonisation française, l'infrastructure que nous sert aujourd'hui le gouvernement ivoirien, imposé au peuple par les bombes françaises, facturées d'ailleurs au coût réel à ce même peuple, n'a d'autre visée que l'entretien de l'illusion d'une opération salvatrice qui aurait remis la Côte d'Ivoire sur le chemin du développement. Il faut sortir de cette économie de mensonge.

La dette ne peut pas être le moteur du développement des pays africains. Alors que la colossale dette américaine participe, paradoxalement, à la fortification de la domination américaine dans le monde, celle d'un pays comme la Côte d'Ivoire en compromet même l'existence. Alors que le mécanisme de l'économie du monde place les Etats-Unis à l'abri d'un péril vital lié à l'énormité de sa dette, cette dernière (la dette) expose la Côte d'Ivoire à deux menaces d'égale importance, l'une pouvant même générer l'autre : la menace sur la libre gouvernance du pays suivant les intérêts exclusifs de son peuple qui engendre, simultanément, la menace d'une imminente déflagration sociale.

Au risque de répétition ennuyeuse, seule la production intérieure d'un Etat peut assurer un développement durable. C'est elle qui crée la richesse qui se partage entre les citoyens à travers les salaires conséquents qui boostent, à la fois, la consommation et l'épargne d'un côté, qui nourrit les recettes fiscales qui assurent la péréquation entre les différentes composantes de la société.

Revenons sur les différents fonds des pensions qui alimentent les marchés financiers. Le fonds sud-africain est constitué de la pension des retraites des fonctionnaires de ce pays. Les retenues opérées sur les salaires des fonctionnaires, pour constituer une caisse de prévoyance afin d'assurer leurs jours d'inactivité, constitue une sorte d'épargne. C'est cette épargne que les gestionnaires desdits fonds placent sur le marché financier. Ce fonds peut même prêter à l'Etat sud-africain. Ce système est totalement différent du système ivoirien. Le mécanisme de la pension de retraite des fonctionnaires ivoiriens repose sur le principe de retenue à la source gardée par le Trésor public. C'est ce dernier qui la rétrocède, mensuellement au fonctionnaire ou à ses ayant-droits, sous la forme d'une rente viagère, lorsque ce dernier cesse ses fonctions. Cette opération peut s'analyser comme un contrat de prêt obligatoire qui lie le fonctionnaire (le créancier) à l'Etat (le débiteur) portant sur le montant de l'épargne constituée par le fonctionnaire au titre de sa retraite. On pourrait pousser la logique jusqu'au bout, pour dire que la part que le Trésor public verse en complément de la pension du retraité forme les intérêts échus sur l'épargne du fonctionnaire. Mais cela est théorique. Même si ce mécanisme assure une pension de retraite proche de la rémunération du fonctionnaire en activité, il reste cependant que le paiement de celle-ci est souvent compromis par les tensions de trésorerie de sorte que, alors qu'ils constituent la frange de la population la plus fragile du fait de l'âge, les retraités viennent très loin dans les priorités de fin de mois du Trésor public. Or, en dehors de cette forme d'épargne et de la Mutuelle des fonctionnaires (épargne-santé), la faiblesse du niveau des salaires en Côte d'Ivoire rend impossible la constitution, par le fonctionnaire, d'une autre forme d'épargne solide. La faiblesse des salaires est liée à celle de la production nationale. Puisque l'Etat ne peut mobiliser des ressources internes basées sur l'épargne de ses citoyens, il a recours à l'endettement extérieur alimenté par l'épargne des citoyens des autres pays qui distribuent de gros salaires à leurs salariés grâce, justement, à la faiblesse de notre production nationale. La valeur ajoutée de notre production, transférée ailleurs à cause de l'iniquité du système des échanges commerciaux, participe de la constitution de l'épargne que nous empruntons, par la suite, à prix d'or. La conséquence est que notre infrastructure économique devient la propriété de groupes d'intérêt étrangers par le mécanisme d'une hypothèque qui ne dit pas son nom. Tout dans cette infrastructure risque de passer sous contrôle de puissances financières étrangères. Les terres, c'est–à-dire l'infrastructure de base de toute communauté humaine, sont dans l'objectif des orques financiers américains qui ont mobilisé, faut-il le rappeler, plus de 15 milliards de dollars américains pour l'acquisition des terres arables en Afrique. Il y a réellement danger et l'Afrique doit s'organiser au niveau continental pour contrer l'appétit vorace des capitaux étrangers sur les terres africaines. Deux axes majeurs que l'Union africaine (Ua) doit intégrer urgemment et impérativement dans ses objectifs du centenaire de 2063 :

- Premièrement, à titre de mesure à court terme, l'Ua doit obliger les Etats à prendre des mesures législatives uniformes pour protéger les terres africaines.
- Deuxièmement, l'Ua doit prendre des mesures contraignant les Etats à transformer, sur place, les matières premières afin d'accroître la valeur ajoutée des économies africaines. (Nous reviendrons en détail sur ces deux propositions).

Pour y parvenir, il urge que l'Etat africain joue un rôle de premier plan dans le contrôle de l'infrastructure économique. Il est urgent de redéfinir les fondamentaux de l'économie africaine en la déconnectant de l'idéologie de l'ultralibéralisme. En définitive, c'est la superstructure même de l'économie africaine qui doit être africanisée. Pourtant, dans une chorale qui chante faux, l'on veut obliger les populations à danser à l'hymne de l'émergence ; parce que la superstructure qui monte ce scénario illusionniste reste inspirée de la structure néolibérale. Elle est donc incapable d'imagination pour se reconstruire une identité propre.

III- Une superstructure africaine sous contrôle.

Dans le concept philosophique de Karl Marx et d'Engels, la superstructure désigne l'ensemble des idées d'une société, c'est-à-dire ses productions non matérielles que sont : la religion, la philosophie et la pensée, la morale, l'art, les institutions politiques, les lois etc. Karl Marx regroupe ses données non matérielles en trois paliers que sont : l'Etat, les présentations intellectuelles et collectives et la conscience de soi. De tous ces trois étages de la superstructure, l'Etat occupe une position à la fois prépondérante et ambivalente : position prépondérante, parce que l'Etat résume, à lui seul, toute la complexité des rapports de production dans la société moderne ; position ambivalente parce que, bien qu'étant produit de l'infrastructure, l'Etat reste paradoxalement l'instrument capable de changer cette infrastructure. En effet, pour atteindre la finalité de la philosophie économique et sociale communiste qui est la prise du pouvoir par la classe prolétarienne, le contrôle des institutions politiques par celle-ci devient un enjeu important, puisque c'est, en définitive, par ce contrôle que la classe prolétarienne peut corriger l'infrastructure. Nous rentrons dans une logique où l'engendré contrôle, en quelque sorte, l'engendreur. Le rapport de détermination entre l'infrastructure et la superstructure établi par Karl Marx conserve un parfum dialectique. Mais ce parfum n'enlève rien à la nature originelle des rapports qui existent entre l'infrastructure et la superstructure, les deux étant nourries en amont par un concept de départ qui est la structure. Comme la mer est grande alors qu'elle reçoit l'eau des fleuves, ou tout comme le fleuve est plus grand que les rivières qui pourtant l'alimentent, la superstructure engendrée par l'infrastructure finit par occuper une place prépondérante au dépend de celle-ci. L'infrastructure détermine la superstructure ; mais celle-ci commande finalement celle-là. Or, comme nous l'avons relevé plus haut, la nature de l'économie mondiale a placé toute l'infrastructure économique du monde sous le contrôle américain. Les puissances relativement modestes en font autant dans des sphères d'influence qu'elles se sont constituées. Elles ont mis en alerte plusieurs sortes de sentinelles pour s'assurer du succès de la mise sous leur contrôle de toute l'infrastructure et de la superstructure de l'économie mondiale. Ces sentinelles sont : les armées, les media, la religion, les cercles ésotériques etc. Toutes ces sentinelles participent au maintien de l'ordre moral, philosophique, religieux et politique de ces puissances sur le continent africain, prolongeant ainsi celui qu'elles exercent sur l'Etat dans l'Occident. En effet, l'Etat en Occident, ayant été mis sous la domination des puissants centres d'intérêts privés, l'influence que les gouvernements des pays occidentaux exercent sur le continent prolonge, en définitive, celle de leurs réels maîtres capitalistes tapis en *backup* dans les pénombres qui les soustraient à tout contrôle démocratique.

La question du contrôle de la superstructure de l'économie africaine constitue la trame essentielle de mes deux précédentes publications[52], il est inutile de revenir sur elle. Il reste cependant à insister sur l'importance et l'urgence de l'orientation de l'action de l'Etat, la superstructure par excellence, dans la construction d'une économie africaine en partant des échecs des 50 dernières années.

---

[52]*Côte d'Ivoire. L'audace de la rupture,* publié chez L'Harmattan, dans la Collection Afrique liberté, en 2013 et *Idéologie, conscience et combat politique* publié chez le même éditeur dans la même collection en 2015.

DEUXIEME PARTIE
L'ETAT ET L'ECONOMIE AFRICAINE

Est-il encore nécessaire de revenir sur l'état de faiblesse de l'Etat africain pourtant seul instrument par lequel les peuples africains doivent exercer leur souveraineté sur leurs nations ? C'est en effet l'Etat qui, à titre principal, anime la nation. Même si, partout, l'Etat a perdu l'exclusivité dans l'animation des nations du fait de la multiplicité des acteurs politiques et sociaux, il est quasiment impossible, pour un peuple, d'assumer sa souveraineté avec un Etat croupion, soumis au contrôle étroit de diverses puissances endogènes et exogènes. Quiconque contrôle l'Etat d'un pays, contrôle finalement le pays lui-même. Il n'y a pas plus averti en la matière que les puissances capitalistes. Elles sont les conceptrices et les plus grandes gagnantes de la mondialisation. Celle-ci donne une légitimité politique à l'action des multinationales dans les pays faibles, notamment ceux d'Afrique.

« Je ne négocie pas la souveraineté de la Côte d'Ivoire » n'a cessé de répéter le président Laurent Gbagbo. C'est au nom de cette souveraineté, qui lui est chère, qu'il se trouve « *en otage* », selon ses propres termes, à la Cpi. C'est dire à quel point la recherche de la souveraineté constitue un *casus belli* pour l'ordre dominant qui n'a pas de limite quand il s'agit de défendre ses intérêts. Les acteurs sont nombreux sur le théâtre africain pour le contrôle du continent noir. Tous ces acteurs se coalisent autours des piliers essentiels de la gouvernance des Etats que sont la politique, la diplomatie, les media, l'armée, tous mis en œuvre pour l'objectif ultime qui est l'appropriation, par les multinationales, porteuses du capitalisme sauvage, de l'infrastructure économique des Etats africains après avoir établi leur domination sur ceux-ci. Les quelques exemples qui suivent illustrent l'emprise des multinationales sur les Etats africains et situe chaque acteur souverainiste sur l'âpreté du combat qui doit être mené pour desserrer l'étau des puissances capitalistes sur l'infrastructure économique de l'Afrique.

CHAPITRE I

L'EMPRISE DES MULTINATIONALES SUR LES ETATS AFRICAINS

Trois faits réels passés dans trois pays africains illustrent l'influence négative des multinationales comme l'avenant du processus de l'affaiblissement des pays africains par l'ultralibéralisme. La mainmise des multinationales étrangères sur toute l'infrastructure économique est à la fois cause et conséquence de l'affaiblissement de l'Etat en Afrique.

La question s'est révélée avec acuité à la suite de l'élection présidentielle du Gabon du 27 août 2017 qui a copié, à l'inverse, celle de la Côte d'Ivoire de novembre 2010. Le contentieux qui a résulté de cette élection, qui était loin d'être un exemple démocratique, a reposé la question de l'ingérence des multinationales étrangères dans le débat politique à travers leurs Etats de provenance. Sur le contentieux électoral gabonais, nous avons entendu, sur les ondes d'une radio française, Antoine Glaser[53] justifier les hésitations de Hollande à intervenir militairement au Gabon, entre autres, par le fait que le Gabon aurait perdu d'importance stratégique pour la France. Il n'y a pas de plus grande contre-vérité que cette affirmation. Dans le système gaulliste, les anciennes colonies françaises d'Afrique constituent encore l'un des axes majeurs de la diplomatie française. Aucune des sœurs africaines de Marianne (les « Mariannettes » d'Afrique) n'a perdu d'intérêt géostratégique pour la France. Le système Foccart, organisé autour de la trilogie *« surveiller, intervenir et punir »*, reste encore très fort. Elf n'existe plus, mais Total assume avec fierté l'actif et le passif de sa défunte sœur qui était devenue encombrante pour la France. L'ajustement de sa politique africaine, pour en dissimuler sa vraie nature, est un art consommé pour les Gaulois. C'est le président Laurent Gbagbo qui s'était opposé à son ami, Robert Bourgi, sur la

[53] Journaliste et principal propriétaire de la Lettre du Continent.

nature exacte de la conférence de Brazzaville de 1944[54]. Le premier y trouvait là un ajustement organisationnel de la politique coloniale française, quand le second qualifiait cette conférence de prémices d'une décolonisation française. En 1990, l'on a applaudi le discours de la Baule qui va se révéler n'être qu'une opération de recépage pour mieux rajeunir l'arbre du dispositif colonial en Afrique. Cinq ans après la guerre de la France en Côte d'Ivoire, la crise électorale au Gabon rappelle que l'héritage colonial est loin d'être liquidé. La France n'entend pas quitter son pré-carré africain, en tout cas, pas de gré. L'issue de la crise gabonaise sera à la faveur de celui qui aura, au bout de négociations sécrètes, donné plus de garanties à la France quant à ses intérêts, sauf si le peuple gabonais en prend conscience et oblige, une fois pour toute, la France à liquider la succession gaulliste dans ce pays. Il leur faudra pour cela beaucoup de larmes et de sang comme en Algérie. Puisque, dans les faits, le Gabon est français, tout comme l'Algérie fut française, parce que, comme Houphouët en Côte d'Ivoire, Léon Mba lui aussi a pleuré la rupture des fiançailles avec l'époux français avant de se réjouir à nouveau, lorsque, grâce à Foccart[55], le fiancé gaulliste a accepté le concubinage avec ses courtisanes africaines. Or, dans les relations de concubinage, le concubin n'a aucun devoir vis-à-vis de la concubine. Il lui soutire les délices pendant des belles nuits, la nourrit de l'illusion d'un amour profond, lui administre quelques corrections lorsque la concubine se montre un peu réticente, ou lorsqu'elle cherche à se remettre dans un ménage sérieux avec un autre partenaire. C'est la caricature des relations franco-africaines que Pierre Biarnès, ancien correspond du journal le *Monde* pour l'Afrique, décrit de façon lapidaire en ces termes : « *Consolider le pouvoir des dirigeants qui jouaient loyalement le jeu de l'amitié franco-africaine et faire sentir le*

---

[54] L. Gbagbo, *Réflexion sur la conférence de Brazzaville*, CLE, Collection études et documents africains, Yaoundé, 1978 ou *librairienumeriqueafricaine.com-livrel.*

[55] JP Bat, *Le syndrome Foccart. La politique française en Afrique de 1959 à nos jours*, éditions Gallimard, Paris, 2012, p. 318.

mors à ceux qui regardaient un peu trop dans d'autres directions ; contrer en même temps les visées des puissances concurrentes dès qu'elles étaient jugées menaçantes ».

Jouer le jeu de l'amitié franco-africaine consiste à ne pas titiller les multinationales qui sont les vrais détenteurs du pouvoir politique en France dans leur exploitation du continent. Sinon, l'on devient Laurent Gbagbo qui employait les enfants dans les plantations de cacao, Obiang Nguema dont la famille est sans cœur en Guinée équatoriale, Ali Bongo devenu, le temps d'une élection, le pilleur intolérable de l'économie gabonaise. Hasard ou préméditation, tous les « dictateurs africains » n'apparaissent comme tels que lorsqu'ils s'attaquent à des multinationales.

I. Laurent Gbagbo contre les chocolatiers de 2002 à 2011

Le 26 octobre 2000, Laurent Gbagbo est élu président de la République de Côte d'Ivoire après sa victoire contre Robert Guéi. Le jour même de sa prise de pouvoir, il est confronté à une terrible campagne médiatique par rapport à un charnier découvert à la lisière de la forêt du banco. Ce montage grossier alimente longtemps la presse internationale pendant toute la première année du mandat du nouvel élu ivoirien malgré le jugement, rendu par le Tribunal militaire d'Abidjan, qui s'était soldé par une relaxe des gendarmes accusés dans cette affaire. Alors que le nouveau gouvernement ivoirien tentait de contrer cette première médisante offensive, une autre campagne, encore plus féroce, s'annonce déjà dès la fin du premier trimestre 2001. Dans cette dernière campagne de dénigrement, le nouveau dirigeant ivoirien qui occupe les fonctions de président de la République depuis seulement à peine six mois, est accusé, par un rapport de l'Onu, d'employer des enfants dans les plantations de cacao. De tueur d'opposants, le président Laurent Gbagbo passe également pour un esclavagiste d'enfants. La presse impérialiste, conditionnée à cette fin, se montre particulièrement féroce contre lui. Coïncidence hasardeuse ou calculée, ce rapport sort tout juste quelques jours après qu'un redressement fiscal de plus de 400 milliards de F Cfa (800 millions $), en provisoire, ramené définitivement à 106 milliards de F Cfa (200 millions $) a été opéré par les services de l'Inspection des finances sur l'entreprise Saco, filiale ivoirienne du géant franco-suisse Barry Callebaut. Le redressement a été porté à la connaissance du groupe le 3 avril 2001. Juste quelques jours après, l'on découvre que la Côte d'Ivoire, leader mondial du cacao, emploie des enfants dans les plantations ivoiriennes. Le gouvernement ivoirien mettra plusieurs années et un trésor d'énergie pour se laver de cette image absolument falsifiée pour ceux qui connaissent un tout petit peu la sociologie ivoirienne. Dans la réalité, cette campagne suscitée par le géant chocolatier visait deux objectifs :

- *primo*, détourner l'attention de l'opinion sur la fraude grossière à laquelle s'était livrée la multinationale dont le chiffre d'affaires annuel dépasse de plusieurs fois le budget de la Côte d'Ivoire. En effet, l'opinion suisse, à qui l'on donne une certaine vertu morale, accepterait mal les pratiques mafieuses de l'un de ses fleurons économiques dans un pauvre pays d'Afrique ;
- *secundo*, punir le gouvernement ivoirien, qui n'a pas cédé aux pressions corruptives exercées sur lui pour faire tomber ce redressement. Gbagbo a osé tenir tête à un des patrons du cacao du monde, il faut qu'il en paie le prix.

Pourtant, la fraude organisée au niveau de Société africaine du cacao (Saco), dirigée au moment des faits, par un certain Seydou Elimane Diarra, PDG du groupe Saco-Chocodi, relève des pratiques mafieuses. En effet, dans le système de commercialisation du cacao, les fèves de cacao de mauvaise qualité, qualifié de « cacao sous grade » (moisissure, grains de petite taille etc.), donnent droit à une décote fiscale à celui qui l'exporte. L'Etat renonce à lui appliquer la totalité des droits uniques de sortie et les droits d'enregistrements. Les lots de ces produits sont taxés de moitié pour permettre à l'exportateur de conserver une bonne marge bénéficiaire. C'est une sorte de prime pour encourager les exportateurs qui prennent le risque d'exporter ces produits sous grade. Malheureusement, Saco qui achète ce produit et le transforme partiellement en pâte avant de l'exporter, en complicité avec certains cadres de ce qui restait encore de la fameuse Caistab, déclare régulièrement comme sous grade, une bonne partie de son cacao exporté. Elle bénéficie donc d'abattement fiscal pour du cacao supposé sous grade alors que, en fait, il s'agit de cacao de première qualité. Cette fraude dure dix ans de 1990 à 2000. Malheureusement pour l'administration fiscale, la prescription d'assiette en matière de droit de l'Enregistrement est de cinq ans. En d'autres termes, l'administration ne pouvait plus réclamer les impôts qu'elle n'a pas réclamé pour les années 1990, 1991, 1992, 1993, 1994. Elle s'est contentée de réclamer à l'entreprise Saco que les cinq dernières années. Ce qui donne le montant final de 106 milliards de F Cfa, grossièrement détournés par une société dirigée par un Ivoirien au profit d'une multinationale. Peut-on dire qu'il s'agit d'un simple hasard quand le nom de Seydou Diarra s'est retrouvé dans la poche française des « premiers ministrables » à la fameuse réunion de Kléber après le hold-up de Marcoussis ?

« *Dis-moi qui sont tes amis, je te dirai qui tu es* ».

Malheureusement, cette pratique mafieuse d'exportation de bon cacao en cacao sous grade va refaire surface à partir de 2004 après les événements de novembre 2004. Les résultats de l'enquête diligentée par le président Laurent Gbagbo en 2007, en marge de l'instruction au pénal du vol présumé dans les structures de gestion café-cacao, seront bloqués par des personnes insoupçonnées qui avaient juré fidélité *ad vitam aeternam* au président Laurent Gbagbo et que l'on retrouvera, en pôle position, du côté de la rébellion du Golfe. Complices avérées des multinationales, ces personnes ont eu du mal à prendre une direction autre que celle que leur a indiquée leurs partenaires dans la fraude pendant la crise, c'est-à-dire, le camp de la fraude. Toutes les multinationales cacaoyères, qui ont financé la rébellion contre la Côte d'Ivoire, sont « mouillées » dans cette fraude mise en place à partir de 2004.

II. Obiang Nguema contre les consortiums pétroliers européens.

Le 3 août 1979, Teodoro Obiang Nguema Mbasogo renverse, par coup d'Etat, son oncle Francisco Macias Nguema. Il prend alors la tête de l'un des pays les plus pauvres du monde. Eparpillé sur deux iles et sur une partie continentale, ce petit pays en termes de superficie, ancienne colonie espagnole, l'unique d'ailleurs du continent africain pour respecter le traité de Tordesillas du XVe siècle, qui partagea le monde entre les deux principales puissances de l'Epoque, l'Espagne et le Portugal, la Guinée équatoriale est, à cette époque, un coin du monde abandonné.

Pour survivre, les Equato-guinéens sont obligés d'aller chercher pitance dans la sous-région équatoriale, qui au Gabon, qui d'autres au Cameroun, les deux voisins avec lesquels ce pays partage une frontière terrestre, ou un peu plus loin, au Congo ou au Nigéria. En tout cas, c'est un pays sans ressources, en plus d'être d'administration très difficile à cause de sa configuration territoriale.

En effet, les deux îles que compte le pays se situent à plusieurs centaines de kilomètres de la partie continentale. L'île d'Annobon, située non loin des eaux territoriales angolaises, se situe à un fuseau horaire par rapport au reste du pays. Pour ne pas arranger les choses, le colon espagnol n'y a laissé pour seul héritage solide que la foi catholique. Aucune infrastructure sociale sérieuse n'existe ni à Malabo, la capitale insulaire, ni à Bata, la capitale continentale. L'infrastructure scolaire correspondant au niveau le plus élevé est un lycée situé à Malabo. Pour sortir du pays par avion, les Equato-guinéens étaient obligés de s'enregistrer d'avance sur une liste et lorsque le nombre de voyageurs atteignait le chargement d'un avion-cargo militaire, une compagnie espagnole leur envoyait un avion de transport de troupes militaires pour les faire voyager.

Le nouvel homme fort du pays entreprend de faire des explorations. Même s'ils sont les damnés des Espagnols, il croit fermement que la nature ne peut pas, à son tour, les avoir condamnés. En effet, pourquoi les eaux continentales gabonaises, dans son flanc oriental, nigérianes dans son septentrion et de l'Angola dans son midi, regorgent de grosses réserves de pétrole, et celles, plus étendues de la Guinée équatoriale, en seraient dépourvues ? Le président Obiang se lance dans la prospection pétrolière dans les eaux territoriales équato-guinéennes. Il confie, par réflexe naturel de tout colonisé, l'exploration à une société espagnole. Un permis d'exploration est concédé à cette dernière. A l'expiration de la concession, l'entreprise dit n'avoir rien découvert mais, paradoxalement, demande une prorogation de la concession. Ce que le patient Obiang renouvelle. A la fin de cette seconde concession, toujours rien, et l'entreprise espagnole demande un autre renouvellement de son permis d'exploration une troisième fois. Le président Obiang trouve la démarche de l'entreprise espagnole suspecte. Celle-ci ne peut pas investir à perte et vouloir continuer d'investir. Il la soupçonne de lui cacher des choses surtout que, dans le même temps, le président Obiang est informé des manœuvres de déstabilisation de son régime que mènent secrètement les services espagnols pour le compte de son opposant Severo Moto Nsa, exilé en Espagne. Le président Obiang refuse de renouveler sa confiance au groupe espagnol. Il fait appel à un petit groupe américain qui va découvrir l'immensité des réserves pétrolières de 2 milliards de barils ainsi que des volumes impressionnants de gaz que les espagnols tentaient de cacher à Obiang. Le premier baril du pétrole est exploité en 1993. Depuis lors, tous les grands groupes pétroliers américains se sont donné rendez-vous dans ce qui était, jadis, considéré comme un pays abandonné. Les Etats-Unis y ouvrent même une ambassade. A quelques mètres du village de Bioko, naissent les premiers signes de la modernisation du petit *« maudit pays d'Afrique équatoriale »*. Le Punto Europa, village moderne, construit et habité par les travailleurs occidentaux du pétrole, donne une allure de ville à Malabo. Mais les Espagnols, victimes de leur propre turpitude, ruminent leur colère et leur vengeance contre le président Obiang. Dès 1995, le président Obiang, que tous ignoraient, est devenu subitement un dictateur à abattre. Les media européens et les fameux défenseurs des droits de l'Homme surgissent comme des champignons après une première pluie. L'Espagne s'associe aux autres puissances européennes pour tenter de chasser le président Obiang du pouvoir. Des pieds nickelés montent une opération d'envergure en 2004, une opération qui implique un certain Mark Thatcher, qui n'est autre que l'enfant de Margaret Thatcher, première femme Premier ministre d'Angleterre, qui a formé avec Reagan le duo de charme de l'ultralibéralisme des années 80. Le coup consiste à chasser Obiang qui serait remplacé par son opposant historique mis au frais en Espagne. Le coup échoue grâce au président Robert Mugabe du Zimbabwe dont les services en ont eu vent. En effet, l'avion qui transportait le gros lot des mercenaires recrutés par le barbouze sud-africain, Mann Simon, décolle d'Harare pour déverser sa cargaison de criminels internationaux à Malabo. Le président Mugabe informe son homologue équato-guinéen qui monte un comité d'accueil très musclé pour recevoir ces visiteurs indélicats. Ceux-ci seront cueillis à l'aéroport de Malabo pendant que le bénéficiaire politique de cette opération, l'opposant équato-guinéen qui avait déjà décollé de ses bases espagnoles dans un jet privé affrété à cette occasion, était encore dans les airs. Le coup foiré, l'entreprise médiatique de destruction de l'image d'Obiang prend de l'ampleur. Une lugubre association se crée pour porter plainte en France contre les Obiang pour biens mal acquis. Il faut dire que le comportement de certains enfants Obiang apporte de l'eau au moulin de leurs détracteurs. A la différence du père qui est très sobre, l'aine des Obiang affiche un appétit immodéré pour le luxe. Ses sorties tapageuses en France, entre ses hôtels particuliers de luxe et ses grosses cylindrées, militent fortement contre le père qui a pourtant changé, en très peu de temps, l'infrastructure économique de la Guinée équatoriale au point de jalouser un certain Bongo père, puis fils. Les relations entre ces deux pays voisins (Gabon et Guinée équatoriale) vont vite se dégrader suite à un contentieux frontalier, à forte odeur de pétrole, finalement remporté par la Guinée équatoriale. Les nombreux ennuis politico-judiciaires des Obiang en Europe montrent la ténacité de la rancune des anciens colonisateurs envers leurs anciennes colonies qui cherchent partenaire ailleurs. Si jusqu'à présent, l'Espagne n'a pas eu la peau du président Obiang, c'est surtout grâce à la protection américaine. Tout le pétrole équato-guinéen est exploité par les grandes firmes américaines : Exon, Chevron, Mobil etc. Malheureusement, si cette amitié américaine protège le pouvoir de Malabo, l'exploitation du pétrole équato-guinéen n'échappe pas à la prédation. Profitant de la faiblesse de l'administration fiscale du pays, les multinationales américaines s'adonnent à d'énormes fraudes. Un travail fait par un cabinet international, commis par le gouvernement équato-guinéen, a débouché sur un rappel historique de plusieurs milliards de dollars américains. La fraude s'organise autour de double comptabilité, de la minimisation des quantités de pétrole vendues, d'une interprétation biaisée de la législation fiscale du pays. Le dossier est entré en phase de négociation politique. Il y a très peu de chance que les montants, appelés dans le cadre de ce redressement fiscal, soient payés au Trésor équato-guinéen. Ainsi souffrent les petits pays d'Afrique en face de la mafia financière des multinationales. C'est certainement ce qu'Ali Bongo va apprendre à ses dépens.

III. Le clan Bongo contre ses anciens alliés

La dynastie Bongo règne sur le Gabon depuis pratiquement un demi-siècle. Leur gloire a commencé le 2 décembre 1967, lorsque Bongo père hérite le Gabon au décès du père fondateur : le vieux Léon Mba. Il s'appelle alors Albert-Bernard Bongo, ancien officier de l'armée française, reconverti à la politique où il occupe le poste de vice-président du Gabon, du 12 novembre 1966 au 2 décembre 1967, dans l'attente de la mort quasi-certaine de Léon Mba. Son règne s'arrête naturellement suite à son décès survenu le 8 juin 2009, soit exactement 41ans, 6 mois et 6 jours. Son long règne est la contrepartie des offrandes faites par le Gabon à la France à travers son empire politico-financier Elf.

Le sort du pétrole gabonais a été scellé, on pourrait dire, après les accords d'Evian du 18 mars 1962, qui ont mis fin à la guerre franco-algérienne, et ouvrirent, en même temps, la voie de l'indépendance de l'Algérie. La France voulait une Algérie française non pas seulement pour les belles plages ensoleillées d'Alger et d'Oran, ou les belles falaises à la vue panoramique envoûtante de Constantine, mais, également, pour son sous-sol très riche en pétrole. Dans les négociations sécrètes d'avant les accords d'Evian et même après, De Gaulle a tenté d'imposer le contrôle français sur le pétrole algérien en vain. L'échec de ces négociations secrètes plaça le Gabon au centre des intérêts stratégiques français. Au Gabon, la France n'a pas besoin de forcer la main à Léon Mba qui est plus francophile que De Gaulle lui-même. Il a été un militant ardent de la Communauté française de 1958. A la dissolution de fait de cette Communauté, Léon Mba avait proposé un schéma institutionnel franco-africain de même nature que le Commonwealth. Dans ce schéma, l'autorité du président Français s'étendrait sur l'ensemble de ses anciennes colonies africaines qui seraient, alors, gérées par des premiers ministres, comme cela se fait entre le Canada, l'Australie, la Nouvelle-Zélande et la Couronne d'Angleterre. Il avait même proposé, à cet effet, que le drapeau tricolore apparût en filigrane sur les drapeaux des pays africains nouvellement indépendants. Donc, au Gabon, la France est chez elle. Dans la nuit du 17 au 18 février 1964, le vieux Léon Mba est déposé par une poignée d'officiers de l'armée. Mais ils hésitent à placer un homme à la tête de l'Etat, et attendent l'instruction de Paris. Jean-Hilaire Aubame, ancien ministre des affaires étrangères, est placé, malgré lui, à la tête d'un gouvernement éphémère. Finalement, Paris décide de réinstaller le vieux Léon Mba, apeuré et affaibli, au pouvoir. Il est coaché comme un novice par Paris qui tente de le rassurer. A cet effet, Foccart dépêche auprès du vieil homme ses meilleurs éléments pour le soutenir. En 1966, Albert-Bernard Bongo est placé en embuscade par la France pour assurer la transmission du pouvoir entre le vieux cheval mourant, Léon Mba, et le nouvel étalon français, Bongo. Opération réussie à 100%. Depuis le 2 décembre 1967, El Hadj Oumar alias Albert-Bernard Bongo assure les intérêts français au Gabon et dans la sous-région. Ayant échappé à la vague des conférences nationales de 1990 et ayant succédé à Houphouët à la tête de l'empire Franco-RDA, Omar Bongo installe durablement et profondément son pouvoir au Gabon. Pour ce faire, il s'entoure, à partir des années 90, de trois mousquetaires tous tirés du giron familial.

Feu Mba Aubame, ministre de l'Intérieur. La rumeur le présente comme un enfant naturel d'Omar Bongo.

Jean Ping, ministre des Affaires étrangères et époux de Pascaline Bongo, donc gendre du président de la République.

Ali Bongo, ministre de la Défense, enfant légitime du président Bongo et oncle maternel des enfants Ping.

A la mort d'Omar Bongo, Ali Bongo sort vainqueur de la bataille fraternelle pour le contrôle de l'Etat qui l'a opposé à Mba Aubame. Il est élu, sinon nommé, selon une opinion, par Sarkozy comme président de la République, face à Mba Aubame, qui avait été, selon la même opinion, le réel vainqueur de cette confrontation fraternelle.

Entre temps, la découverte du pétrole en Guinée équatoriale ouvre les yeux des Gabonais sur l'immensité du tort qui leur a été causé par le cartel Bongo-Elf. Obiang donne une véritable leçon de l'utilisation de l'argent du pétrole aux dirigeants gabonais. En moins de dix ans, la Guinée équatoriale se métamorphose grâce à la manne pétrolière. Là où les dirigeants gabonais justifiaient l'absence d'infrastructures routières dans le pays par la densité de la forêt équatoriale, leurs voisins Equato-guinéens, enveloppés par la même forêt équatoriale, par ailleurs confrontés à des défis géographiques plus élevés, parsèment leur pays d'infrastructures routières modernes. Des hôtels de luxe sortent de terre. Bata et Malabo font rêver les « Librevillois ». Oyala, la ville ultra moderne sortie de terre, en plein cœur de la forêt équatoriale, fait rougir de honte les dirigeants gabonais. Le nouveau chef de l'Etat, Bongo fils, entend changer le cours du destin de son pays, confisqué par le fait de son propre père et de la France. A cette fin, il n'a d'autres choix que de s'attaquer à certains tabous. Le rappel à l'ordre, sous forme de contrôles fiscaux, que le gouvernement gabonais opère sur les entreprises pétrolières françaises n'est pas du goût de Paris. La tête de Bongo est mise à prix. Or, cette tête ne coûte plus très chère pour trois raisons.

D'abord, cinquante ans d'exercice du pouvoir par la famille Bongo ont érodé définitivement l'estime du peuple pour l'actuel chef de l'Etat.

Ensuite, comme le fils Obiang, Ali Bongo a suffisamment étalé le faste de la famille Bongo en France.

Enfin, Ali Bongo n'est arrivé au pouvoir que par la seule volonté française.

L'élection de 2016 sonnait d'emblée comme un chant de hibou qui annonçait le crépuscule des temps Bongo. Ali devrait perdre même s'il gagnait. C'est comme cela que marchent les amitiés franco-africaines. Elles ne résistent pas à l'épreuve du changement. Pourtant Ali n'avait pas d'autres choix que d'opérer quelques changements afin de réparer l'énorme préjudice que son père a fait subir au peuple gabonais.

Les exemples de ce type sont nombreux. Les rares pays africains qui maitrisent l'essentiel de leur infrastructure économique résistent à la détérioration de la superstructure de leur économie.

CHAPITRE II

L'IMPERIEUSE NECESSITE DE CONTROLER L'INFRASTRUCTURE ECONOMIQUE DES PAYS AFRICAINS

Il est certain qu'aucun pays de l'Afrique noire, ancienne colonie, ne peut se targuer d'être totalement affranchi de l'influence d'une puissance extérieure, notamment parmi les cinq gardiens autoproclamés de l'ordre mondial sans s'exposer à des sanctions. Les sanctions économiques internationales sont souvent la marque des pays pauvres récalcitrants, en manque d'affection tutélaire. A l'occasion des assises de la 71e Assemblée générale des Nations-Unies, le président Robert Mugabe a relevé le caractère injuste et haineux des sanctions infligées, depuis seize ans, par le Royaume-Uni et les Etats-Unis ainsi que leurs alliés à son pays. Ainsi, comme il le déclare :

« *En tant que pays, nous sommes punis pour avoir exercé le seul principe primordial consacré par la Charte des Nations-Unies relatif à l'indépendance souveraine. Nous sommes punis pour avoir fait ce que toutes les autres nations ont fait, qui consiste en la possession et l'appropriation des ressources naturelles, et écouter et répondre aux besoins basics de notre peuple* ».

La ligne de démarcation entre souveraineté et les intérêts des puissances étrangères en Afrique est très mouvante. Aucune règle, en dehors de celle de la clause léonine, n'est établie clairement. Les Etats africains ont des marges de manœuvre très étroites sur leur propre économie. Cela est plus remarquable dans les pays d'Afrique noire francophone. L'influence américaine sur le Ghana est une réalité irréfutable. Cette influence peut contraindre, par exemple, le président ghanéen à accepter d'accueillir des prisonniers de la célèbre prison de Guantanamo après que celle-ci ait été fermée, quand bien même qu'aucune raison ne justifie leur présence au Ghana, eu égard à leur réputation de dangereux terroristes. Mais que peut refuser un chef d'Etat ghanéen au gouvernement américain à quelques encablures d'une compétition électorale dans laquelle la voix américaine pourrait jouer un rôle déterminant en cas de conflit électoral ?

Mais, comparé à la Côte d'Ivoire, le Ghana a une autonomie plus renforcée vis-à-vis de ses parrains occidentaux. Il y a des faits basics de la vie politique et économique acceptés en Côte d'Ivoire que le peuple ghanéen ne peut tolérer. Il ne passera dans l'esprit d'aucun président ghanéen de nommer un citoyen britannique comme membre du gouvernement. Il sera également difficile pour un chef d'Etat ghanéen de justifier, devant ses concitoyens, les voyages bihebdomadaires en Grande-Bretagne, *a fortiori*, y détenir, de façon ostentatoire, une résidence.

En effet, la Constitution ghanéenne, en son article 94-2-a dispose que :

« *Nul ne peut être qualifié pour être membre du parlement s'il a fait allégeance à un pays autre que le Ghana* ».

Or, pour être président de la République, il faut se conformer à l'article 62-c selon lequel, nul n'est éligible à la fonction de président de la République du Ghana s'il « *n'est éligible à la fonction de membre du parlement* ». De même, l'article 78 de la Constitution, en son alinéa 1, parlant des conditions pour être nommé ministre par le président, prescrit que :

« *Les ministres doivent être nommés par le président de la République, après approbation préalable du Parlement, parmi les membres du Parlement ou des personnes éligibles aux fonctions de parlementaires, excepté le fait que la majorité des ministres doit être nommée parmi des membres du Parlement* ».

Même si la notion d'allégeance peut paraître d'appréhension matérielle difficile, il est évident que celui qui bénéficie d'une double nationalité, ou, à plus forte raison, le citoyen d'un pays étranger, ne peut prétendre, ni aux fonctions de député, encore moins, à celles de ministre. En Côte d'Ivoire, au moins un citoyen français est membre du gouvernement.

En Côte d'Ivoire également, à l'exception du président Laurent Gbagbo et de Robert Guéi, tous les autres chefs d'Etat ivoiriens, ont des résidences et d'énormes intérêts financiers en France. Ils y séjournent régulièrement de sorte qu'il est loisible de croire qu'ils ont fait allégeance à ce pays.

Sur sa page officielle France Diplomatie[56], l'on lit, au titre de la politique extérieure du Ghana, ce qui suit :

« *Du fait de son passé militant tiers-mondiste, le Ghana reste attaché à la coopération sud-sud* ».

Même si le président John Kufuor a, pendant son mandat, ouvert le pays aux puissances libérales extérieures, il demeure que la marque de la coopération sud-sud reste encore forte dans l'économie ghanéenne. Elle s'est même renforcée à partir des années 2010. Déjà, en 2009, le centre ghanéen pour la promotion de l'investissement déclarait que pour la seule année 2009, « *la Chine occupe le haut du classement en termes de nombre d'entreprises étrangères enregistrées au Ghana* » [57]. Dans la même veine, l'auteur des propos ci-dessus relayés, le directeur exécutif du Centre ghanéen pour la promotion de l'investissement révèle en outre que, « *s'il y a plus d'entreprises chinoises enregistrées au Ghana au cours de l'année, par contre les entreprises sud-africaines ont le plus investi dans le pays depuis 2009* »[58]. L'observation attentive de la vie économique ghanéenne confirme bien la forte présence des capitaux du Sud dans l'économie ghanéenne. Le secteur bancaire est largement dominé par les capitaux nationaux ghanéens ou africains. Le tableau ci-dessous donne la part des actifs de chaque banque dans le secteur bancaire ghanéen.

---

[56] *www.diplomatie.gouv.fr.*

[57] Georges Aboagye, directeur exécutif du centre ghanéen pour la promotion de l'investissement, in *afriquechine.net* du 4 janvier 2010.

[58] G. Aboagye, *ibidem.*

Nom	Part des actifs (MGHS)		R.O.E	Maison Mère
1Ecobank Gh	11,3%	5,7	39,5%	Togo
2 GCB Bank	8,4%	4,2	40,9%	Ghana
3 Stanbic Ban	7,3%	3,7	32,9%	Afrique du Sud
4 Standard	7,0%	3,5	39,4%	Royaume-Uni
5 Zenith Bank	6,1%	3,1	39,1%	Nigeria
6 Fidelity Bank	6,0%	3,1	21,6%	Ghana
7 Barclays Bank	5,9%	3,0	37,0%	Royaume-Uni
8 CAL Bank	5,4%	2,7	35,8%	Ghana
9 National Bank	4,6%	2,3	16,3%	Ghana
10 ADB	4,3%	2,2	13,9%	Ghana
11 UniBank	4,3%	2,1	14,9%	Ghana
12 UBA	4,2%	2,1	47,0%	Nigeria
13 Access Bank	3,4%	1,7	29,4%	Nigeria
14 SG Ghana	3,3%	1,7	22,4%	France
15 UT Bank	3,2%	1,6	7,9%	Ghana
16 HFC Bank	2,6%	1,3	23,0%	Trinidad
17 Guaranty Trust	2,3%	1,2	30,9%	Nigeria
18 Prudential Bank	2,2%	1,1	17,1%	Ghana
19 Bank of Africa	1,8%	0,9	25,8%	Mali
20 First A. Bank	1,8%	0,9	11,5%	Ghana
21 First C. Bank	1,4%	0,7	4,1%	Ghana
22 The Royal Bank	0,9%	0,4	-5,2%	Ghana
23 First B. Nigeria	0,7%	0,4	1,1%	Nigeria
24 BSIC Ghana	0,7%	0,4	5,7%	Libye
25 Energy Bank	0,6%	0,3	4,00%	Nigeria
26 Bank of Barod	0,4%	0,2	14,7%	Inde
27 UM Bank	N/C	N/C	N/C	Ghana
28 GN Bank	N/C	N/C	N/C	Ghana

Dans la zone Uemoa, malgré une percée des banques à capitaux d'origine africaine ou supposés tels, la domination des banques françaises dans son ancien empire colonial reste indéniable. L'on observe une stratégie de replis des banques françaises sur les deux marchés bancaires les plus porteurs de la zone Uemoa que sont la Côte d'Ivoire et le Sénégal. Sur les 25 établissements bancaires qui opèrent dans cette zone, la part des banques hexagonales se situe encore dans l'ordre de 19 à 20%. Comparée au début des années 2000, leur position a décru. Mais il faut savoir raison gardée parce que beaucoup de capitaux ont un masque africain emprunté. La Banque marocaine du commerce et de l'industrie n'est pas très loin du groupe Bnp-Paribas qui opère en Côte d'Ivoire sous le label de la Bicici et au Sénégal sous celui de Bicis. Par ailleurs, la Générale et Bnp-Paribas, les deux orques français, continuent d'avoir la haute main sur le marché ivoirien et le marché sénégalais qui restent, de loin, les deux marchés les plus importants. Autant dire que leur influence sur la zone Umoa reste énorme. C'est pourquoi, malgré l'impression que la politique bancaire de l'Afrique se dessine à partir du continent, l'accès au crédit reste très cher. La rémunération des crédits bancaires est de plus de 25%. Dans la réalité, ces banques, contrôlées en *back up* par les puissants groupes financiers internationaux, ne peuvent se départir des pratiques bancaires coloniales tournées autour des niches. Il n'y a véritablement pas de banque d'investissements en Afrique. En tant que banques commerciales tournées vers la recherche du profit immédiat à moindre risque, ces banques ne recherchent que les secteurs commerciaux rentables. Ce sont les fameuses niches chères à toutes les banques commerciales. Le régime du Front populaire ivoirien (Fpi), conscient de cette faiblesse structurelle des banques ivoiriennes, avait cru trouver la parade en la transformation de l'ancienne Caisse autonome d'amortissements (Caa), créee sous Houphouët pour gérer l'énorme dette extérieure, en une banque d'investissements. La naissance de la Banque nationale d'investissement (Bni) traduisait la volonté du gouvernement ivoirien, du président Laurent Gbagbo, de se donner un outil performant pour accompagner sa politique d'investissements. Mais au-delà, cette initiative venait corriger une faiblesse inacceptable des économies africaines. Sous le couvert d'un libéralisme impulsé par la paire Banque mondiale et Fmi, les pays africains, notamment de l'Afrique subsaharienne, ont négligé la naissance de banque nationale orientée vers l'investissement public comme privé. Ils ont tous confié leur sort à des banques à capitaux privés, toutes commerciales. Toutes les banques en Côte d'Ivoire se battent pour avoir une part importante du marché d'exportation du cacao et du café et la clientèle captive des fonctionnaires et agent de l'Etat[59]. Ces deux marchés constituent l'essentiel de leur chiffre d'affaires. En créant la Bni, le gouvernement Fpi avait vu juste. Mais hélas, l'erreur est venue de ce que cet outil a été confié à un cheval de Troie de l'ultralibéralisme venu de Wall Street, l'antre par excellence de l'ultralibéralisme sans émotion. C'est comme si Dieu confiait le salut du monde au diable. Il a fallu très peu de temps pour que le masque tombe entre les deux tours de l'élection présidentielle de 2010. L'animateur principal de cette banque, expression d'une vision nationaliste et souverainiste de ces concepteurs, va rejoindre, sans remords le camp de l'impérialisme financier. Autant dire que le projet important était né avec une maladie mortelle congénitale.

Le schéma de contrôle du marché bancaire de la zone Cfa par les banques étrangères est identique pour la zone Cemac. Même en diminuant leur volume d'actions dans cette zone, les banques françaises continuent, de façon directe, à y avoir le contrôle sur plus de 23% du marché bancaire.

Le taux de bancarisation dans la zone Umoa, qui se situe à moins de 15% de la population (14,83%)[60] en 2015, reste très faible par rapport à celui du Ghana qui se situe à plus de 30%[61] déjà en 2013.

Dans le système de la distribution, les capitaux sud-africains n'ont pas de concurrents sérieux que ceux des Indiens. « The Shoprite Group of Companies », le leader africain du détail de nourriture fondé en 1979, qui emploie à ce jour plus de 136 000 travailleurs avec un bénéfice net annuel de 416, 66 millions $ en 2015, a le contrôle du marché

---

[59] Lire Justin Koné Katinan , *Côte d'Ivoire. L'audace de la rupture*, les éditions L'Harmattan, Paris, 2013.

[60] Note d'information BCEAO du 4e trimestre 2015.

[61] *Jeune Afrique* du 18 octobre 2013 in *www.jeuneafrique.com*.

de distribution du Ghana. Dans le secteur de la petite distribution, le Ghana accorde un monopole aux citoyens ghanéens. En 2013, le gouvernement ghanéen a pris une loi décriée par les opérateurs de la petite distribution, qui oblige chaque non national, qui veut entreprendre seul dans ce secteur, à se constituer un capital de départ de 300 000 dollars US. Une mesure qui a dissuadé tous les étrangers. Dans un mouvement contraire, en Côte d'Ivoire, le groupe Carrefour refait surface, le groupe Paul fait son entrée dans la boulangerie.

Le constat est clair : l'économie ghanéenne est performante par rapport à l'économie ivoirienne et donc à celle de tous les pays de l'Uemoa. Dans le même temps, l'on observe une présence moins remarquée de la Grande-Bretagne dans l'économie ghanéenne. L'ancienne puissance coloniale reste très discrète comparée à la France dans son pré-carré africain. Le retard des pays francophones sur leurs voisins anglophones trouve son explication dans le lien indissoluble qui unit le patriotisme (ou le souverainisme) à l'économie. Là où ce lien est distendu, l'économie est extravertie et contrôlée de l'extérieur, de sorte que les décideurs s'en trouvent les mains liées. En fait, le contrôle souverain de l'infrastructure économique par les pays africains est un impératif absolu.

Tous les peuples du monde ont peur quand ils ont l'impression que l'infrastructure de leur économique leur échappe. Malgré les nombreux assauts des groupes qui rêvent du contraire et qui veulent imposer leurs rêves aux autres, la nation reste encore déterminante dans l'organisation de l'humanité. Devant les menaces qui planent sur elle, la nation semble même se bonifier. Toute chose qui nous oblige à avoir un regard critique sur l'arrivée du Maroc au sein de la Cedeao. L'enthousiasme de l'intégration africaine ne doit pas occulter le risque d'une intégration contrôlée de l'extérieur.

I. Regard critique sur l'adhésion du Maroc au sein de la Cedeao

Parce qu'il s'agit d'une approche à la fois inédite et audacieuse, l'adhésion du Maroc ne peut passer sans susciter des interrogations quant à sa portée aussi bien pour le Maroc que pour les autres pays de cet ensemble économique.

A- L'Audace gagnante du roi Mohammed VI

Succédant à son père à la tête de la dynastie alaouite, le roi Mohammed VI monte au trône du royaume chérifien le 23 juillet 1999. Il n'est alors qu'un jeune roi. Né le 21 août 1963, il n'a que 36 ans. Aujourd'hui, à 54 ans, le jeune monarque semble être à l'apogée de son règne. La somme d'expérience acquise à la tête de son royaume constitue son premier atout qu'il met au service de son pays et de ses sujets. Le Commandeur des croyants, l'un des titres attachés au souverain marocain, met à profit cette expérience pour hisser la diplomatie marocaine à un niveau très élevé, notamment en Afrique. Que l'on l'aime ou que l'on le déteste, le roi du Maroc apparait aujourd'hui comme un leader audacieux de la politique africaine. Si l'on le déclarait l'homme politique de l'année 2017, cela ne surprendrait guère. Car, les faits d'armes ne manquent pas pour lui conférer ce titre. Deux de ces faits reflètent l'audace gagnante de la diplomatie du Maroc.

Au sommet des chefs d'Etat et de gouvernement de l'Union africaine de janvier 2017, le Maroc signe son retour au sein de l'organisation africaine, organisation qu'il avait quittée en 1981, pour protester contre la qualité d'observateur reconnue au Sahara occidental. Le Maroc y retourne sans avoir fait la moindre concession sur la question sahraouie, pourtant essentielle au regard de la charte même de l'Ua qui proscrit toute forme de colonisation sur le continent. Ce faisant, le Maroc laisse libre cours à toutes les diverses opinions sur sa politique dans le Sahara occidental au sein de l'Ua. Galvanisé par ce succès diplomatique important, le Maroc, avec une audace consommée, défiant tous les préjugés géographiques, est à la porte de la Cedeao. Le Maroc, situé au Nord de l'Afrique, dans ce qui se fait appeler l'Afrique « blanche », a décidé désormais de faire partie de l'Afrique de l'Ouest. Tout est relatif dans le monde. Le Nord-ouest est aussi l'Ouest. Sauf surprise de dernière minute, le Maroc deviendra le 16e membre de l'organisation sous régionale d'Afrique de l'Ouest, au plus tard, en fin d'année 2017. Tous ceux qui rêvent d'une intégration africaine ne devraient pas bouder leur plaisir. Au contraire, nous devons tous accompagner le Maroc dans sa démarche

Toutefois, le plaisir des panafricanistes ne doit occulter les grandes interrogations que tout esprit critique doit se poser. Qui gagne quoi dans ce mariage d'intérêts ? A l'évidence, le Maroc gagne sur toute la ligne. Or, dans n'importe quelle union, lorsqu'une partie gagne tout, l'autre partie perd beaucoup. En d'autres termes, les gains substantiels du Maroc pourraient bien entrainer des soucis pour les autres pays déjà membres de la Cedeao sauf si l'on consent à trouver un mécanisme qui limite les pertes induites par l'arrivée du « géant » marocain dans le marché à porcelaine de la Cedeao.

B- Le Maroc, nouveau patron de la Cedeao.

Avec une superficie de 446.550 km^2, le Maroc est la cinquième superficie des pays membres de la Cedeao. Il est devancé par le Niger avec 1.267.000 km^2, suivi par le Mali avec 1.240.000 km^2, La Mauritanie avec 1.030.000 km^2 et le Nigéria avec 923.768 km^2.

Mais au niveau démographique, avec 35.568.000 habitants, le Maroc se situe en deuxième position mais très loin du Nigéria et bien en avance du Ghana, la deuxième démographie de la sous-région.

Sur le plan économique, selon les chiffres fournis par le Fmi, en 2016, le PIB brut du Maroc s'élève à 104,91 milliards de dollars américains et fait du Maroc la 6e économie la plus importante de l'Afrique et la 2e de la zone Cedeao, derrière le Nigéria, et largement devant le Ghana et la Côte d'Ivoire, respectivement 2e et 3e économie de ladite zone. Mais, avec 2871,51 $ par tête d'habitant, selon les données du Fmi de l'année 2017, le Maroc domine légèrement le Nigéria qui affiche, quant à lui, un PIB par tête d'habitant de 2758 $. Le Maroc a un taux d'inflation, par an, de l'ordre de 1,3%, toute chose qui dénote de la stabilité du Dirham marocain.

C'est au niveau de la structure de l'économie marocaine que la différence s'opère entre lui et le reste des pays de la Cedeao. Même si l'on note une divergence entre les statistiques du gouvernement marocain et celles du Fmi, quant à la structure de l'économie marocaine, il reste cependant que cette structure est plus solide et mieux avancée que celle des autres pays de la Cedeao. En effet, avec un PIB formé de 14,5% par le secteur primaire (dominance agricole), 29,3% par le secteur secondaire (industrie d'habillement, industrie chimiques, électricité et automobile) et 56,2% par le secteur tertiaire (dominance tourisme et banque), l'économie marocaine se rapproche plus des standards des pays avancés et s'éloigne, de ce fait, de ceux des pays d'Afrique subsaharienne où la quasi-totalité de l'économie repose sur un produit prédominant. Le pétrole au Nigéria, c'est plus de 70% des exportations. Le cacao fait plus de la moitié des exportations de la Côte d'Ivoire et concoure directement et indirectement à plus de 40% du PIB. Avec un tissu économique relativement diversifié et mieux organisé, le Maroc s'impose en leader de la Cedeao. Le secteur informel qui occupe plus de 70% de la population active du Nigéria se situe à des proportions résiduelles au Maroc.

Le commerce extérieur du Maroc participe à plus de 76 % (76,4%) de son PIB.

La photographie des échanges commerciaux du Maroc étaye mieux la relative industrialisation du Maroc.

Principaux produits exportés et importés par le Maroc 2015

Exportations 23,8 milliards $	**Importations 46,2 milliards $**
Fils, câbles isolés 10,2%	Huile de pétrole 9,2%
Voitures de tourisme et autres véhicules 9,6%	Huile brute de pétrole 7,3%
Engrais minéraux ou chimiques 6,4%	Gaz de pétrole et autres produits gazeux 5%
Penta oxyde de déphosphore ou acide phosphorique 6,4%	Voitures de tourisme 3,6%
Habits 4,7%	Froments et blé 3,3%

(Sources: Comtrade)

Les principaux fournisseurs et clients du Maroc sont loin d'être africains comme le souligne le tableau ci-dessous.

Tableau des principaux clients et principaux fournisseurs du Maroc

Clients	**Fournisseurs**
Espagne 21,9%	France 13,5%
France 20,8%	Espagne 13,3%
Brésil 4,6%	Chine 7,6%
Italie 4,3%	Etats-Unis 7,00%

Inde 3,6%	Arabie Saoudite 5,4%
Etats-Unis 3,6%	Allemagne 5,2%
Royaume-Uni 3%	
Allemagne 2,9%	

(Sources: Comtrade)

De façon évidente, l'espace Cedeao ne constitue pas un partenaire commercial de premier ordre pour le Maroc qui puisse justifier l'adhésion à cette communauté économique. Au contraire, c'est l'Union européenne qui occupe la priorité des échanges commerciaux du royaume chérifien. En effet, plus de la moitié des exportations du Maroc sont destinées à l'Union européenne et plus du tiers des importations en proviennent. C'est à juste raison que le Maroc a signé des accords douaniers avec l'Union européenne. Le Maroc a également signé plusieurs accords multilatéraux et bilatéraux en matière commerciale pour soutenir son commerce extérieur. Les tableaux ci-dessous en donne la liste (Sources : Groupes Bad)

Tableau 1- Accords internationaux

Désignation	Bénéficiaire	Couvertures	Date d'application
Offre marocaine en faveur des PMA d'Afrique	Les pays les moins avancés d'Afrique	Quelques produits agricoles et de la pêche et quelques biens semi-finis	2000

Tableau 2- Accords multilatéraux

Désignation	bénéficiaire	couverture	Date d'application
Système global de préférences commerciales entre pays en développement (SGPC)	Algérie, Argentine, Bangladesh, Bénin, Bolivie, Cameroun, Chili, Colombie, Corée du Nord, Corée du Sud, Cuba ,Egypte, Equateur, Ghana, Guinée, Guyane, Inde, Indonésie Iran, Irak, Libye, Malaisie, Maroc, Mexique, Mozambique, Myanmar, Nicaragua, Nigéria Pakistan,	Biens	1989

	Pérou, Philippines, Singapour, Soudan, Sri Lanka, Tanzanie, Thaïlande, Trinité-et-Tobago Tunisie, Venezuela, Vietnam, Zimbabwe		
Zone Panarabe de Libre-Echange (PAFTA)	Algérie, Arabie Saoudite, Bahreïn, Comores, Djibouti, Egypte, Emirats Arabes Unis, Irak, Jordanie, Koweït, Liban, Libye, Maroc, Oman, Palestine Qatar, Somalie, Soudan, Syrie,	Biens	2000

	Tunisie, Yémen		
Accords Arabo-Méditerranée de libre échange (déclaration d'Agadir)	Egypte, Libye, Maroc, Tunisie	Biens	2007
Union du Maghreb Arabe (UMA)	Algérie, Libye, Maroc, Mauritanie, Tunisie	Biens	2012

Tableau 3- Accords avec une zone d'intégration régionale

Désignation	**Membres**	**Couverture**	**Date**
Accord d'Association Euro-Med	Pays membres de l'UE et le Maroc	Biens Agriculture	2000 2012
Maroc-AELE	Pays membres de l'Association européenne de Libre Echange (Liechtenstein, Islande, Norvège, Suisse et Maroc)	Biens	2000

Tableau 4 - Accords bilatéraux

Désignation	Membres	Couverture	Année
Maroc- EAU	Idem	Biens	2003
Maroc-Egypte	Idem	Biens	1999
Maroc-Jordanie	Idem	Biens	1999
Maroc-Etats-Unis	Idem	Biens, agriculture et services	2006
Maroc-Tunisie	Idem	Biens	1999
Maroc-Turquie	Idem	Biens	2006

Il convient d'ajouter que, depuis 2010, le roi du Maroc sillonne les capitales africaines pour tisser des relations commerciales bilatérales.

Au total, le Maroc a une diversité de partenaires commerciaux avec qui, il est lié par plusieurs accords commerciaux et douaniers. Mais les plus importants de ses échanges ne se font pas, pour le moment, avec l'Afrique. L'intégration à la Cedeao devient une approche toute nouvelle tant par son originalité pour le Maroc que par les ambitions de celui-ci. La question reste de savoir quel profit tirent les autres membres de cette admission du Maroc à la Cedeao.

1) Les gains et les contre-gains de l'entrée du Maroc à la Cedeao

Aucune démarche politique ou économique ne se détermine par la philanthropie. L'adhésion du Maroc à la

Cedeao est guidée par une recherche de gain pour le Maroc. La question est de savoir que gagnent les autres pays membres de l'arrivée du Maroc en leur sein ; parce qu'en définitive, c'est l'équilibre des intérêts des membres d'un espace de libre-échange qui justifie l'existence dudit espace

Le principe fondamental de la Cedeao est la libre circulation des biens et des hommes entre les Etats membres. Avec l'adhésion du Maroc, l'espace de la Cedeao part du Golfe de Guinée jusqu'aux portes de l'Europe, le Maroc étant, à certains endroits, à moins d'une quinzaine de kilomètres des côtes espagnoles, à d'autres endroits, le territoire européen se confond à celui du Maroc (cas de la ville de Ceuta). Dans un contexte de forte migration provenant de l'Afrique subsaharienne vers l'Europe dont le Maroc constitue une zone importante de transit, l'on ne peut que s'interroger sur le risque que prend le Maroc d'ouvrir son territoire à tous les prétendants à cette migration si dérangeante pour ses voisins d'outre-Méditerranée.

En effet, l'un des effets induits de l'appartenance à la Cedeao est la suppression de visa entre le Maroc et les autres Etats membres. Cinq des quinze pays membres de la Cedeao ont déjà des dispenses de visa d'entrée au Maroc. Ce sont : La Côte d'Ivoire, la Guinée Conakry, le Mali, le Niger et le Sénégal. Les dix autres bénéficieront de ce privilège. Avouons que l'entreprise ne manque pas de risque. Mais les gains de cette politique d'ouverture sont tels que le risque mérite d'être pris avec la bénédiction de l'Europe qui gagne gros au change, elle aussi, comme on le verra plus loin.

Les gains marocains sont multiformes et concernent à la fois le tourisme, les activités portuaires et son commerce extérieur.

En ce qui concerne le tourisme, une classe moyenne se développe rapidement dans la sous-région ouest-africaine, une classe consommatrice du tourisme qui constitue une activité majeure pour l'économie du royaume. En effet, confrontée aux formalités de visa (véritable parcourt de combattant) imposées par les chancelleries occidentales, cette classe verrait dans le Maroc une destination palliative non négligeable. Or, l'industrie du tourisme est très pourvoyeuse d'emplois et une source importante de devises. Pour accroître le nombre de ses visiteurs de la Cedeao, le Maroc envisage d'ouvrir des lignes maritimes avec tous les pays côtiers. Le lancement, en septembre 2016, de sa nouvelle compagnie maritime, baptisée Africa Morocco Link (AML), fruit d'un partenariat entre le groupe bancaire marocain BMCE et l'armateur grec Attita, est l'expression achevée de l'ambition marocaine dans ce domaine. Ses lignes de fer vont appuyer la compagnie aérienne Royal Air Maroc, pour accroître la capacité de transport du Maroc.

C'est au niveau du commerce que l'approche marocaine est très stratégique. Lorsque l'on regarde le tableau des échanges commerciaux du Maroc, la part des pays de l'Afrique subsaharienne en général, et celle de ceux de l'Afrique occidentale en particulier, occupent une place très minime. Cette partie du continent n'est ni cliente, ni fournisseuse de premier ordre pour le Maroc ; toute chose qui rend la requête en admission du Maroc au sein de la Cedeao *a priori* incompréhensible si elle n'est pas sans objet. On pourrait répondre que le Maroc entend corriger cette faiblesse de son commerce, c'est pourquoi il sollicite son adhésion au sein de la Cedeao. Mais quand l'on regarde la structure économique des pays de la sous-région ouest-africaine, ceux-ci ont très peu à offrir au Maroc. Le Maroc a un grand besoin de pétrole et de gaz. Mais le Maroc a déjà des rapports commerciaux privilégiés avec l'Arabie Saoudite, l'un des plus gros producteurs du pétrole au monde. L'Arabie Saoudite constitue le plus grand fournisseur de pétrole du royaume marocain. L'arrivée du Maroc, dans la famille Cedeao va-t-elle accroître les intérêts marocains pour le pétrole nigérian au détriment de l'Arabie Saoudite ? Rien n'est sûr malgré le gigantesque projet du gazoduc qui relie le Nigéria à l'Espagne en passant par le Maroc dont l'accord a été signé au Maroc le 15 mai 2017.

Le Maroc consomme beaucoup de café et de thé. Pour le thé, il n'y a rien en attendre du côté de la Cedeao. Pour le café, on peut espérer que le café ivoirien puisse intéresser les Marocains du fait de la levée de certaines barrières douanières de sorte que le café moulu de Nestlé d'origine ivoirienne, du reste très apprécié, puisse gagner le marché marocain. Peut-être, mais il faut savoir garder un optimisme mesuré.

Ces quelques exemples sont juste pris pour illustrer la faiblesse des offres commerciales que les pays subsahariens membres de la Cedeao peuvent faire au Maroc qui reste, quand même, un marché de plus de 35 millions de consommateurs.

En revanche, les offres marocaines en direction des autres pays de la Cedeao sont énormes.

Le Maroc exporte des produits finis ou semi-finis qui intéressent les consommateurs de l'espace Cedeao. Les produits destinés à l'électricité tels que les câbles, les luminaires, les interrupteurs sont fabriqués au Maroc et sont déjà dans des marchés comme celui de la Côte d'Ivoire.

Depuis 1959, la Société marocaine de construction automobile (Somaca), une société anonyme de droit marocain, fabrique des véhicules. Détenue, à ses débuts, concurremment par la société italienne Fiat et la société franco-italienne Simca, à hauteur de 20% pour l'une et autant pour l'autre, et à hauteur de 38% pour l'Etat marocain, la Somaca est passé à 100% sous le contrôle de la société française Renault depuis 2003. Son activité consiste à la fabrication de la carrosserie et du montage des véhicules. Sur ces deux sites de Tanger (ouvert seulement en 2012) et de celui de Melloussa, le Maroc a produit, en 2016, environ 600 milles véhicules (400 000 pour le premier site et environs 200 000 pour le second). Ces véhicules sont exportés essentiellement vers l'Europe dont la France, l'Espagne et l'Allemagne constituent les destinations majeures. Avec ce volume d'exportations, les véhicules fabriqués au Maroc sont en passe de dominer le phosphate au niveau des exportations marocaines.

Les habits et autres produits de la mode sont également disponibles au Maroc et s'exportent bien. L'on trouve dans les grandes artères de Casablanca toutes les grandes marques de ces produits. Beaucoup de ces produits, que l'on retrouve sur le marché de certains pays de la Cedeao, partent du Maroc à travers le circuit de commerçantes et des commerçants, notamment, des pays qui bénéficient déjà d'une exemption de visa. Avec la généralisation de cette exemption à tous les pays de la Cedeao, le flux des exportations de ces produits va s'intensifier pour le bonheur de la balance commerciale du Maroc.

Le Maroc reste un grand fournisseur d'engrais et d'autres produits phytosanitaires qui intéressent les pays fortement agricoles de la Cedeao. L'ouverture des frontières desdits pays ne manquera pas d'accroître l'intérêt des pays subsahariens pour les engrais marocains. A ce propos, en marge de la visite du président Buhari au Maroc, un partenariat sur l'engrais a été conclu entre les deux pays.

Les agrumes et les légumes marocains inondent déjà les marchés de beaucoup de pays de la sous-région ouest africaine. Ces produits empruntent un couloir qui passe par la Mauritanie pour atteindre le Sénégal, le Mali, la Guinée, voire même la Côte d'Ivoire. Pour l'histoire, il convient de relever la proximité religieuse qui existe entre le Maroc et le Sénégal, grâce à la confrérie Tidjaniya ou Tidjani qui joue un rôle déterminant dans les rapports entre les deux pays que le président Macky Sall qualifie « d'amour spécial ». Les villes de Fès au Maroc et de Touba au Sénégal sont les têtes de pont de cette diplomatie religieuse très forte entre les deux pays.
La liste des offres marocaines est longue.

Il reste bien entendu que la Cedeao n'est pas encore une union douanière. Il en sera ainsi aussi longtemps qu'un Code douanier applicable à tout l'espace de la Cedeao ne sera pas effectif. Un projet de Code douanier est prêt depuis avril 2017, mais il n'a pas été encore approuvé et adopté par les Etats membres. Cependant, depuis 1979, le Schéma de Libéralisation des Echanges de la Cedeao (Slec) accorde une dispense des droits de douanes aux échanges intracommunautaires pour un certain nombre de produits. Le protocole d'accord de 1979 ne rendait éligibles au Slec que les produits agricoles, les produits de l'artisanat et les produits du cru. En 1990, l'on y a inclus les produits industriels sous certaines réserves qui se résument en conditions de forme et en conditions de fond.

Sur la forme, l'admission au Slec se fait suivant une procédure administrative qui aboutit à une approbation administrative des autorités compétentes des pays membres saisies, à cet effet, par la commission de la Cedeao. Sur le fond, les produits manufacturés doivent remplir les conditions prescrites par le Protocole A/P1/1/03 du 31 janvier 2003 pour justifier de leur origine communautaire.

Le Maroc, qui se présente comme la deuxième puissance économique et commerciale de sa nouvelle famille, n'aura pas du mal à remplir ces conditions afin de faire bénéficier à son industrie les avantages tarifaires de la Cedeao.

Mais là où le Maroc gagne gros, c'est au niveau du transit douanier et les avantages que ses ports, notamment celui de Casablanca, peuvent gagner et les pertes corrélatives pour les autres ports des autres pays de la Cedeao. Le Maroc dispose de deux atouts majeurs qui peuvent faire des ports marocains les principales portes d'entrée des marchandises importées d'Europe ou à exporter vers l'Europe. Il est connu que les marchandises qui transitent par un port ou un aéroport de l'un des pays membres de la Cedeao bénéficient d'une suspension des droits de douane jusqu'à leur destination finale.

Or le Maroc est à moins d'une journée de mer de certaines côtes européennes là où il faut au moins 21 jours pour atteindre les côtes du Golfe de Guinée. Pour les pays de l'hinterland, le délai se rallonge avec le voyage par voie terrestre qui peut prendre deux à trois jours. Sa proximité avec l'Union européenne, client et fournisseur privilégiés des pays de la Cedeao, constitue un atout majeur pour le Maroc.

Le second atout qui complète le premier est que le Maroc dispose de l'une des flottes aériennes les plus importantes de l'Afrique. Royal Air Maroc est l'un des trois gros transporteurs aériens du continent africain. Ouvrir une ligne aérienne de cargo pour desservir les capitales des pays de l'hinterland n'est pas hors de portée du Maroc. Une telle ligne a l'avantage de raccourcir les délais de livraison des marchandises qui transitent par les différents ports marocains. Bamako, Niamey et Ouagadougou peuvent être ravitaillées par convoi aérien plusieurs fois par jour à partir de l'aéroport de Casablanca. Qui ignorerait une telle opportunité ?

Mêmes les pays du littoral, ayant des ports, peuvent avoir recours aux ports marocains pour réduire les délais de transport de leurs marchandises. Au lieu d'attendre vingt-et-un jours pour recevoir des marchandises de l'Espagne par exemple, trois à quatre jours sont suffisants pour les marchandises en transit au Maroc pour arriver au Sénégal, en Guinée, et même en Côte d'Ivoire par voie aérienne.

L'adhésion du Maroc à la Cedeao pourrait bien rendre la compétition rude pour des ports comme ceux de Conakry, de Lomé et de Cotonou, relativement plus modestes que ceux d'Abidjan, de Tema ou de Lagos.

Au total, le Maroc arrive comme une grande économie parmi des économies faibles. Il reste le plus grand gagnant de son adhésion à la Cedeao. Mais il lui reste à résoudre la question de l'harmonisation de ses nombreux accords commerciaux avec l'union douanière en construction dans la Cedeao.

2) Les exigences d'harmonisation des différents accords commerciaux du Maroc

La problématique traitée ici n'est pas particulière au seul Maroc. En effet, le passage d'un espace de libre-échange à une union douanière exige des réajustements au niveau de chaque Etat membre de la Cedeao. Le Tarif extérieur commun (Tec), en voie d'achèvement, va faire de la Cedeao une union douanière telle que prévue par l'article XXIV du Gatt et par l'Omc. Depuis juillet 2005, la Cedeao est enregistrée à l'Omc comme un espace de libre-échange en application de la clause dite d'habilitation. La clause d'habilitation prévue par la décision du 28 novembre 1979 (L/4903) est un dispositif dérogatoire du droit commun des Accords du Gatt. Ce dispositif accorde un traitement différencié plus favorable aux pays en voie de développement (L/4903-1). Le cas de la Cedeao est couvert par l'article 2-c qui s'applique aux « *arrangements régionaux conclus entre parties contractantes peu développées en vue de la réduction ou de l'élimination de droits de douane sur une base mutuelle et conformément aux critères et conditions qui pourraient être prescrits par les* ***parties contractantes****, en vue de la réduction ou de l'élimination, sur une base mutuelle, de mesures non tarifaires, frappant les produits que ces parties contractantes importent en provenance les unes des autres* ». Il s'agit, en fait, d'une dérogation à la clause générale dite de la nation la plus favorisée, qui est une clause, qui impose un traitement non discriminatoire entre les parties prenantes des Accords du Gatt.

Bien qu'étant dans la même zone de libre-échange, tous les Etats membres de la Cedeao n'ont pas les mêmes engagements vis-à-vis de l'Omc. Tenant compte des contingences particulières internes, chaque Etat s'est engagé seul dans les accords commerciaux multilatéraux. Il convient de noter, à ce propos, qu'au sein de la Cedeao, les Etats appliquent des taux de douane qui sont inférieurs aux taux consolidés. Conformément aux accords de l'Omc, un taux de droit de douane consolidé est le taux maximum qu'un Etat contractant s'engage à ne pas dépasser, sous peine de sanction pouvant aller à des mesures compensatoires à accorder aux parties qui s'en trouveraient affectées. Le Nigéria, par exemple, a consolidé son taux applicable aux produits agricoles à 150% alors qu'il n'applique que 33,6%. A titre de comparaison, la Gambie est à 104% de taux consolidé, le Burkina Faso est à 98,1%, le Ghana est à 97,1%. Certains pays ont décidé de s'ouvrir plus que les autres. Il s'agit du Sénégal avec 29,8% de taux consolidé et la Guinée-Bissau avec 40%. Il y en a d'autres, comme la Côte d'Ivoire, qui appliquent pratiquement le taux consolidé aux produits agricoles. Le taux de 14,8% que la Côte d'Ivoire applique sur les produits agricoles est sensiblement égal à son taux consolidé fixé à 14,9%. La situation est plus ou moins identique en ce qui concerne les produits industriels. Déjà le Paquet de Bali dit Accord sur la facilitation des échanges (Afe), ratifié par la plupart des Etats membres de la Cedeao, met à mal les engagements du Tec en cours d'élaboration.

Or, l'union douanière est considérée comme un seul et unique territoire douanier avec un tarif identique appliqué à tous les produits qui entrent dans ledit territoire quel que soit le port ou l'aéroport par lequel ils entrent. C'est ce taux unique que l'on appelle Tarif extérieur commun (Tec). Le Tec en voie de finition dans la Cedeao est de 35%. Si pour des pays aux forts taux consolidés (Nigéria, Ghana, Burkina Faso), l'adoption du Tec ne compromet pas leurs engagements vis-à-vis de l'Omc, pour la Côte d'Ivoire, en revanche, le problème reste entièrement posé. En effet, le taux de 35% dépasse de loin le taux consolidé de la Côte d'Ivoire qui est de 14,9%.

Mais des mécanismes existent pour opérer ce changement. Il s'agit, notamment, des compensations en termes de faveurs douanières sur d'autres produits à accorder aux parties lésées : en 2007, le Gabon a eu recours à ce procédé prévu par l'article XXVIII.2 du Gatt, ou, alors, la notification de l'Union douanière, en lieu et place de la zone de libre-échange, suivant la procédure décrite par l'article XXIV du Gatt.

En ce qui concerne le Maroc, le problème se pose à un autre niveau.

Comme nous l'avons relevé plus-haut, le Maroc est partie-contractante dans plusieurs accords commerciaux multilatéraux et bilatéraux. Tant que la Cedeao reste une zone de libre-échange, la multitude de ces accords ne soulève aucun problème d'ordre juridique pour le Maroc. La circulation des marchandises et des biens dans l'espace Cedeao, en franchise de douane ou en diminution de ceux-ci, n'entre pas en conflit avec des avantages similaires accordés au Maroc dans d'autres espaces. Mais, une fois devenue une Union Douanière, les avantages que le Maroc accorde aux biens venant d'autres territoires douaniers, avec lesquels il a conclu des accords commerciaux, restent incompatibles avec le Tec, que lesdits avantages soient inférieurs ou supérieurs au Tec. Le Tec est une norme impérative des Etats membres. Il suffit de se référer à l'exemple du Tec au niveau des Etats membres de l'Uemoa entré en vigueur le 1er janvier 2015[62].

[62] Prévu par le traité de l'Uemoa en ses articles 4c, 76 et 77, le Tec institué finalement par le règlement n°02/97/CM/ Cedeao du 28 novembre 1997 n'est entré en vigueur qu'au premier janvier 2015.

Pour illustrer les difficultés auxquelles seront confrontées à la fois le Maroc et les anciens membres de la Cedeao, il convient de se référer à l'accord d'association Maroc-Ue. Cet accord est un bon référent dans la mesure où l'Ue constitue le premier partenaire économique de la Cedeao. Cet accord, d'abord sectoriel à ses début (il a été signé le 26 février 1996), s'est généralisé à tous les secteurs de l'activité économique. L'on relève que sur le plan commercial, l'accord vise à :

- *établir une zone de libre-échange industrielle « Zle » ;*
- *approfondir la libéralisation du commerce des produits agricoles et de la pêche ;*
- *libéraliser les échanges de services ;*
- *renforcer l'intégration commerciale à travers la mise en œuvre du protocole pan-Euromed sur les règles d'origine.*

L'Accord a aussi décliné en plan d'actions les grands points ci-dessus énoncés. Ainsi, en ce qui concerne la Zone de libre-échange industrielle, l'Accord décline sa mise en œuvre comme suit : pour les produits industriels, les exportations marocaines bénéficient d'un accès au marché de l'Ue en franchise des droits de douane depuis l'entrée en vigueur de l'Accord alors que les produits originaires de l'Ue accèdent au marché selon le schéma suivant :

- *accès libre pour les biens d'équipement et certaines pièces de rechange dès le 1er mars 2000 ;*
- *accès libre pour les matières premières et intrants non fabriqués localement depuis mars 2003 ;*
- *élimination progressive des droits de douanes pour les produits fabriqués au Maroc, à raison de 10% à compter de la 4e année de l'entrée en vigueur de l'accord, la 9e tranche de réduction est intervenue le 1er mars 2011, date qui correspond à la réduction des 90% des droits appliqués ;*
- *élimination progressive des droits de douanes pour certains véhicules automobiles depuis mars 2003 à raison de 3% pendant 4 ans et 15% par an à partir de*

la 8e année de l'année en vigueur de l'Accord jusqu'à la suppression totale des droits : depuis mars 2011 ces produits accèdent au marché marocain en bénéficiant d'une réduction de 87% des droits ;

Quant au point qui consiste à approfondir la libéralisation du commerce des produits agricoles et de la pêche, il se décline comme suit :

- *pour les produits agricoles, l'Accord d'Association a prévu, en ses articles 16 et 18, une libéralisation progressive des échanges agricoles entre les deux parties ;*
- *un nouvel Accord relatif à la libéralisation des produits agro-industriels et des produits de la pêche a été signé le 13 décembre 2010.*

Le schéma de la libéralisation quasi-totale du marché marocain, pour les produits de l'Ue et vice-versa, s'applique, à quelques nuances près, à l'identique aux échanges des services et l'établissement.

L'entrée du Maroc dans l'Union douanière de la Cedeao rendra caduc, *de jure et de facto*, l'Accord d'association. En effet, il sera impossible pour le Maroc de se prévaloir de cet Accord dès lors qu'il y a une unicité du territoire qui part des côtes du Golfe de Guinée jusqu'aux frontières sud de la Méditerranée qui revendique un tarif unique de 35%.

Comment le Maroc se prendra-t-il pour concilier ses intérêts colossaux avec l'Ue et ses ambitions d'appartenir à la Cedeao qui marche vers une union douanière ? Telle semble être la quadrature du cercle que le royaume chérifien doit résoudre. A certains égards, pour le Maroc, la problématique prend une forme plus complexe. Nous venons de voir que le Maroc fabrique et exporte des véhicules pour le compte de la société française Renault. Dès lors que ces voitures sont fabriquées au Maroc par une société de droit marocain, elles sont réputées êtres des biens produits dans le territoire douanier de la Cedeao. Leur importation vers les autres pays membres de la Cedeao est considérée, dès alors, comme une vente locale au regard des droits de douane. Ces véhicules seront donc exemptés desdits droits. Pour les consommateurs, cela constitue une aubaine puisque ces véhicules devraient être vendus à des prix réduits, à la différence de ceux qui sont importés des autres pays non membres de l'Union douanière et qui supportent, de ce fait, les droits de douane. Mais pour les Etats, le manque-à-gagner est énorme en termes de recettes douanières. Mieux ou pire, c'est selon, beaucoup d'entreprises industrielles européennes, par exemple françaises ou espagnoles, pourraient venir s'installer au Maroc grâce aux avantages de proximité et de stabilité politique qu'offre le royaume, afin de fabriquer des véhicules ou d'autres biens destinés exclusivement au marché interne de la Cedeao et de bénéficier, de ce fait, de la franchise douanière. La classe moyenne, en constante évolution en Afrique, constitue la classe de consommation de demain. La ruée des grandes maisons de distribution françaises vers la Côte d'Ivoire, par exemple, n'est justifiée que par cette classe moyenne. L'implantation des entreprises européennes va bonifier le PIB du Maroc, accroître parallèlement ses recettes fiscales, mais desservira les autres pays qui ne percevront plus de droits de douane sur lesdits véhicules ou produits. Les gros gagnants resteront les industriels européens qui vont accroître leur bénéfice grâce à la diminution des charges induites par la suppression des droits de douane. Vu sous cet angle, le Maroc pourra constituer une sorte de cheval de Troie des industriels, bien placé, au cœur de la Cedeao.

Au total, l'ambition noble du Maroc de renforcer ses liens avec l'Afrique subsaharienne ne se réalisera pas sans écueils. Il y a des sacrifices à consentir à son niveau. Les enjeux sont énormes et dépassent le seul cadre du Maroc. La question est de savoir quel sera le prix de ce sacrifice pour ses nouveaux partenaires africains de la Cedeao ? Le projet de gazoduc entre le Nigéria et le Maroc est-il suffisant pour rassurer le géant nigérian ? A notre avis, toutes les questions doivent être mises sur la table des négociations afin que chacun sache à quoi s'en tenir pour ne pas voir, en chemin, les raisins de l'idylle de début se transformer en figues de déception. Il faut d'ores et déjà réfléchir à un mécanisme de compensation au sein de l'Union douanière projetée. En proposant cette réflexion, notre souhait n'est pas de blâmer l'initiative courageuse du Maroc. Nous voulons plutôt soulever toutes les questions qu'elle induit pour y apporter des réponses satisfaisantes, gage de succès de l'entreprise marocaine. Nous restons convaincus qu'une démarche marocaine heureuse entrainera d'autres. L'addition de ces initiatives, qui dépassent les clivages et les préjugés nés de l'histoire, aboutira à ce que chaque Africain doit espérer : l'intégration à la fois économique et politique du continent africain. Cette intégration ne sera parfaite qu'à condition d'échapper aux influences extérieures. Il ne faut pas réunir les escabeaux que sont les pays pris individuellement, pour en faire une échelle à la disposition d'une puissance extérieure maitresse de tout le continent. Si tel est le cas, l'intégration reste sans objet pour les souverainistes africains.

En tout état de cause, il faut relever et saluer l'audace payante du roi du Maroc qui positionne son royaume en leader africain.

Nous militons totalement pour l'intégration africaine à la fois en tant qu'ensemble politique et ensemble économique. Mais nous ne croyons pas à une intégration nourrie aux idéaux du libéralisme dominateur actuel et qui s'éloigne de la culture des peuples. Nous ne pouvons pas cautionner une intégration contrôlée de l'extérieur. La somme de plusieurs esclaves n'en fait pas des hommes libres.

L'économie du beau et du sensationnel a atteint, depuis belle lurette, ses limites. Ce qui vaut ailleurs vaut plus pour l'Afrique. Ce n'est pas en faisant voir un airbus A 380 et des jeux de lumières à des populations affamées, sans emploi et mal éduquées, que l'on assure le développement.

Les crises successives en Europe obligent le continent africain à se trouver sa propre voie. Celle-ci ne peut se déterminer que dans la rupture avec celle que, malheureusement, les gouvernants africains actuels empruntent de façon invariable au risque de compromettre même l'existence de l'identité nationale africaine. Et sur celle-ci, la moindre des menaces n'est pas celle qui pèsent sur ses terres agricoles.

II. La convoitise dangereuse des terres africaines.

La question foncière reste un souci permanent pour tous les Etats africains. Bien qu'elle ne se présente pas à l'identique d'un pays à un autre, elle demeure cependant un problème transnational de premier plan.

Non seulement elle paralyse le développement économique des Etats africains mais, pire, elle expose ces Etats à des conflits violents entre les différents acteurs économiques. La recrudescence de ces conflits fragilise davantage les Etat africains. Ces conflits que l'on qualifie d'ethniques ont plutôt une dimension économique majeure. Dans une Afrique faiblement industrialisée, l'essentiel de l'activité économique tourne autour de la terre. Dans ces conditions, l'accès à la propriété foncière devient un enjeu stratégique à la fois pour les Etats et les populations.

La querelle foncière en Afrique oppose, d'une part, les populations à l'Etat et, d'autre part, les populations entre elles.

Le premier axe de conflit, qui concerne les oppositions entre les Etats et les populations, est l'héritage colonial. Le conflit foncier permanent entre l'administration coloniale et les indigènes se prolonge après les indépendances, l'Etat africain ayant repris les habits de l'Etat colonial. La compétition foncière que les Etats africains livrent à leurs citoyens se traduit toujours, partout en Afrique, par la juxtaposition d'au moins deux normes juridiques. Le droit positif dit droit moderne et le droit coutumier. Même, dans les anciennes colonies de peuplement telles que les pays de l'Afrique australe (Afrique du Sud, Namibie, le Zimbabwe), les vieilles lois foncières n'ont pas pu soumettre le droit coutumier. Dès que l'indépendance de ces pays a été obtenue, les vieilles prétentions foncières sur les parcelles soumises au droit moderne ont refait surface. Les enjeux économiques de la terre imposent aux nouveaux dirigeants de ces pays de faire des réformes agraires qui se soldent, très souvent, par les conflits armés ouverts. L'intervention de l'Etat dans la gestion du droit foncier en fait un acteur essentiel. L'Etat est alors perçu par les populations comme un concurrent. Toutes les lois qu'il prend en la matière sont, dès lors, frappées de suspicion. Son action suscite méfiance de la part des populations. La situation est particulièrement grave dans certains pays, notamment d'Afrique francophone.

Le second axe de conflit est celui qui met en relation les populations entre elles-mêmes. Ce second axe est le plus destructeur de la cohésion sociale des pays africains. Nourris par des intérêts économiques et portés par la faiblesse du droit, elle-même alimentée par un cafouillage juridique, ces conflits tournent très souvent en conflits des classes sociales abusivement qualifiés interethniques. L'on en dénombre trois sortes :

- Le conflit entre cultivateurs et éleveurs (travail contre travail)
- Le conflit entre propriétaires fonciers et les travailleurs (capital contre travail)
- Le conflit entre propriétaires fonciers eux-mêmes (capital contre capital)

Ces conflits ont l'avantage de mettre en évidence l'intérêt économique croissant que prend la terre en Afrique. La mutation des structures politiques et sociales de l'Afrique ainsi que les modes et les mobiles de production économiques ont donné un intérêt économique certain à la terre.

Malheureusement, presque partout en Afrique, cette dynamique foncière supplante à la fois l'organisation juridique et institutionnelle des Etats africains de sorte à créer un décalage entre le droit et la pratique foncière observée sur le terrain. Or, il est peu de dire que là où le droit faiblit, les intérêts économiques tournent très souvent en affrontements violents. Il y a urgence à rattraper les choses dans beaucoup de pays car la question foncière risque d'être la source des conflits les plus meurtriers dans la prochaine décennie. Ces conflits vont aller crescendo en s'empirant avec le phénomène de la recolonisation des terres africaines qui est déjà en cours partout sur le continent. L'ouverture incontrôlée des terres aux capitaux étrangers constitue la plus grande menace sur l'infrastructure de base des économies africaines.

La ruée vers les terres africaines est une réalité suffisamment illustrée par les statistiques.

Le site *afriquechine.net* lève un coin de voile sur les intentions chinoises en matière d'exploitation des terres agricoles en Afrique. La Chine, à l'instar des pays dits émergents tels que le Brésil, la Turquie, la Corée du Sud, prévoit toujours une clause réservée à l'agriculture dans tous les contrats de coopération qu'elle signe avec les pays africains ces dernières années. Avant eux, l'Union européenne et les multinationales américaines avaient déjà marqué leur emprise sur lesdites terres. Au total, jusqu'en 2010, selon le Centre d'études et de prospectives (Cep) attaché au ministère français de l'agriculture cité par le site *afriquechine.net*, 20 millions d'hectares de terres africaines sont visés par les capitaux étrangers. Certains pays africains se sont, d'ores et déjà, engouffrés dans la logique fonciere ultralibérale. Ainsi, en 2010, toujours selon le site *afriquechine.net* ci-dessus cité, l'on dénombrait plus de 803 000 hectares de terres aux mains des investisseurs étrangers à Madagascar, 600 000 en Ethiopie, 450 000 au Ghana, 160 000 au Mali. Plus de 120 organisations, dominées notamment par les multinationales, se sont lancées à l'assaut des terres africaines. Des banques se sont même spécialisées dans l'acquisition des terres arables à travers le monde. Le leadership dans ce domaine est assuré par la banque américaine, la « Goldman Sachs ».

Les différents fonds américains, qui ont dans leur besace la rondelette somme de 15 milliards de dollars américains pour l'acquisition des terres à travers le monde pourraient bien-être les prochains maîtres des terres agricoles africaines.

Cette invasion des terres agricoles par les multinationales soulève de nombreux problèmes politiques, économiques et sociaux.

Au niveau politique, la mauvaise gouvernance des terres et leurs libres accès aux multinationales sont de nature à provoquer des tensions entre les dirigeants et les populations comme cela a été le cas à Madagascar. En effet, la firme sud-coréenne Daewoo, qui avait reçu de larges superficies de terres agricoles du gouvernement malgache, a dû renoncer à les exploiter à cause de la vive opposition des populations. Celles-ci s'étaient, par la suite, attaquées au gouvernement de leur pays dont elles critiquaient le manque de transparence dans la gouvernance des terres.

Nos Etats, déjà affaiblis par la gouvernance démocratique contrôlée de l'extérieur, s'exposent davantage à une forme de déstabilisation venant de l'extérieur si l'infrastructure agricole tombe dans les mains de multinationales « *parce qu'il n'y a pas de plus dangereux pour la cohésion politique qu'une aristocratie foncière non contrôlée* ».[63]

C'est pourquoi, tout en se ruant vers les terres agricoles africaines, les puissances occidentales essaient, par des législations bien orientées, de protéger leurs terres contre l'invasion des capitaux étrangers. A ce propos, la France a pris une loi, le 13 octobre 2014, pour encadrer la gestion et la disposition des terres agricoles. Aussitôt votée, cette loi a connu une modification rapide votée par l'Assemblée nationale le 11 févier 2016. L'objet de la révision de cette loi, deux ans seulement après son adoption, est de protéger les terres françaises contre leur accaparement par des capitaux étrangers, notamment les capitaux chinois qui s'y font de plus en plus menaçants.

A cette allure, il ne sera pas surprenant, qu'avant la fin du siècle en cours, l'Afrique se retrouve dans une autre lutte d'indépendance parce que le processus de prise de contrôle des terres africaines n'est pas un processus né de façon spontanée. Il correspond à une logique politicienne qui cache des enjeux économiques. Il faut remonter à la fin des années 90 pour connaître le point de départ de cette course folle vers les terres agricoles africaines.

Il faut savoir que les prochaines décennies jusqu'en 2040 sont décisives en matière foncière.

Depuis plusieurs décennies, les occidentaux, notamment les Américains, à la recherche de terres pour leurs

---

[63] Kwesi Kwaa Prah, *The social background of Coup d'Etat*, The Centre for advanced studies of Africa society (Casas), 2012, Cape Town, South Africa, p.38.

multinationales agro-industrielles, pilotent des initiatives pour une nouvelle forme de gouvernance mondiale des terres.

L'initiative Aquila et la « *Nouvelle alliance pour la sécurité alimentaire et la nutrition* » ont débouché, en mars 2012, sur l'élaboration d'un document stratégique dénommé « *Aux terres, aux pêches et aux forêts dans le contexte de la sécurité alimentaire nationale. Directives volontaires pour une gouvernance responsable des régimes fonciers applicables* ». La Banque mondiale sonne déjà le tocsin de la pénurie des ressources nutritionnelles à l'orée des années 2040. Pour prévenir cette pénurie, elle encourage tous les pays, notamment africains, à accélérer des réformes foncières. Mais déjà, des regards soupçonneux pensent que les américains cherchent des terres pour leurs OGM. L'intérêt qu'accorde de plus en plus le milieu financier américain aux investissements à caractère agricole dans le monde apporte du vent au moulin de l'opinion qui pense que les Américains sont derrière l'initiative d'Aquila. En effet, la crise financière de 2008 a changé les habitudes des financiers américains qui pensent trouver dans les placements financiers dans le secteur de l'agriculture une garantie pour leurs capitaux.

Le point 5 des « *directives volontaires d'une nouvelle gouvernance mondiale* » prescrit explicitement la reconnaissance des droits coutumiers. C'est ce que reconnait de fort belle manière la loi de 1998. Le G8 a déjà décliné en plan d'actions les tâches que doit exécuter le gouvernement ivoirien dans le cadre de la coopération du G8 à l'appui de la « *Nouvelle alliance pour la sécurité alimentaire et la nutrition* » en Côte d'Ivoire. Le plan d'actions prévoyait la fin des opérations de délimitation des terroirs villageois en 2014 et la fin des délivrances des certificats fonciers en 2015. Mais Ouattara aimerait bien faire sauter la disposition qui établit un lien entre la nationalité ivoirienne et la propriété foncière en milieu rural. L'on se rappelle comment, à Marcoussis, la coalition rebelle, qui ignore tout des enjeux de la guerre qu'elle a livrée au pays par procuration, a insiste pour que l'on élargisse la propriété foncière rurale aux personnes morales et aux personnes non nationales.

Le plan d'actions susvisé est la suite logique d'une politique de conquête des terres pour les multinationales agro-industrielles, notamment américaines.

En effet, à l'entame de la dernière décennie du XXe siècle, les institutions de Bretton Woods, les sœurs jumelles (Bird et Fmi) et leur relais au niveau africain la Bad, lancent un vaste programme de modernisation du foncier en Afrique, notamment de l'Ouest. Les raisons de l'engagement de ces financiers pour la modernisation du foncier africain sont certes multiples mais une seule paraît importante à retenir : elle permet de mieux cerner le drame du foncier ivoirien.

Les multiples révolutions en Amérique du Sud ont fini par arracher cette partie de l'emprise des agro-industries américaines malgré les tentatives de retour que nous observons dans les crises politiques brésilienne et vénézuélienne qui ont cours actuellement dans ces pays. Considérée naguère comme leur basse-cour, les Américains ont implémenté en Amérique latine toutes sortes d'expériences. Toutes les réformes agraires étaient contrôlées par eux dans l'intérêt des multinationales de l'agro-industrie. Ces multinationales qui exploitaient, soit de vastes plantations de café en Colombie, soit le tabac du Cuba de Batista, étaient les maîtres absolus de la « jungle sud-américaine ». Les révolutions bolivarienne, castriste etc. ont fini par rendre cette zone infeste pour les grosses entreprises américaines. L'Europe est très regardante sur les OGM. Donc il y a très peu de chance qu'elle serve d'assiette à l'expansion des OGM américains.

Sentant le vent changer de direction, les « capitaux de la jungle »[64] se tournent vers l'autre rive de l'Océan pacifique. Ils colonisent avec succès la Malaisie et l'Indonésie dans l'Océan indien. Le succès de leur présence en ces lieux a été rendu facile par les institutions de Bretton Woods qui y ont financé, par exemple, les vastes plantations de cacao et de palmier à huile. L'objectif étant de casser le monopole africain, et y recopier le schéma latino-américain. L'opération

[64] Non caricatural donné aux capitaux américains investis dans l'agriculture en Amérique latine

n'est pas totalement concluante. Le cacao malaisien n'est pas aussi bon que le cacao ivoirien ou ghanéen. Alors tous les regards se tournent vers le continent noir.

Mais en Afrique, il y a un gros problème de législation sur les terres. La législation n'est pas suffisamment rassurante pour les investisseurs. Il faut pacifier la « jungle africaine » en y créant un droit foncier qui soit en adéquation avec les ambitions des grands intérêts des multinationales.

Toutes les études, pendant les années 90, préparent l'esprit à cette législation sur mesure. Elles sont effectivement aidées par l'incohérence à la fois du droit foncier et des choix politiques qui l'accompagnent. Pour réussir cette pénétration des « capitaux de la jungle » en Afrique, comme toujours, la Banque mondiale joue les éclaireurs. Elle vend aux forceps aux gouvernements africains un vaste programme de modernisation du foncier. Au Burkina Faso, en Côte d'Ivoire, au Mali, au Bénin, etc. des programmes sont élaborés à cette fin.

En Côte d'Ivoire, le plan est nommé le *Plan foncier rural* (PFR) et il comprend deux composantes. Une composante technique et une composante législative. C'est dans le cadre du déroulement de la composante législative, que le gouvernement du président Bédié a fait voter une loi sur le foncier rural en 1998. Le projet, dans ces termes, repose la problématique des terrains vacants sans maîtres. En fait, l'objectif est de permettre à l'Etat de se constituer un vaste domaine qu'il mettra, par la suite, à la disposition des financiers privés. Evidemment, les premiers allocataires de ces terres seraient les multinationales qui sont à l'affût. Enfin, ayant coincé les paysans sur des petites portions de terres, ils seraient contraints, pour survivre, d'allouer également leurs parcelles aux multinationales. Les dernières pièces du puzzle réunies, le piège latino-américain se refermerait sur les populations paysannes ivoiriennes. La preuve de ce que j'avance est que depuis 2013, le gouvernement ivoirien tente de lancer un vaste programme de riziculture au nord de la Côte d'Ivoire avec l'entreprise française « Louis Dreyfus Comodity » (Ldc). Cette dernière exige l'appropriation des terres et l'établissement, en son nom, de titres fonciers ou, tout au moins, une allocation de longue durée par l'Etat de plusieurs milliers d'hectares. L'on parle de 100 000 à 200 000 hectares à récupérer dans la partie septentrionale du pays, notamment dans la région sénoufo. Ce qui ne peut se faire dans l'état actuel de la législation qu'avec l'appui des paysans, propriétaire des terres. Ces derniers s'y sont opposés et le gouvernement a reculé. Mais apparemment c'est pour mieux sauter. L'article 12 de la nouvelle Constitution initiée aux forceps par le gouvernement ivoirien est la clé de sésame qui va ouvrir les portes des savanes et forêts ivoiriennes aux capitaux étrangers. En rendant éligible l'Etat à la propriété foncière dans le milieu rural, le gouvernement ivoirien envenime la compétition foncière entre l'Etat et les populations sous fond de conflit de normes juridique entre le droit coutumier vieux de plusieurs millénaires et le droit dit moderne. La notion de « terres vacantes sans maitre », le point de progrès du droit de l'immatriculation introduit par le décret du 24 juillet 1906 et reconduit par le décret du 26 juillet 1932, pourrait déterrer la hache de guerre entre propriétaires fonciers coutumiers et l'Etat. La loi 98-750 du 23 décembre 1998 relative au foncier rural est restée en souffrance, entre autres, à cause justement de la compétition foncière que livre l'Etat aux populations.

L'entreprise française qui exploite déjà 1500 hectares dans la région sénoufo, n'est pas la seule dans la ruée vers les terres ivoiriennes. Cargill est à la recherche de 30 000 hectares de terres dans les forêts pour l'exploitation de cacao. Cette dernière, se jette dans la forêt ivoirienne pour maintenir le niveau de production de cacao, dont les terres de production attirent de plus en plus d'autres cultures comme l'hévéa. La culture de l'hévéa est en pleine expansion au détriment du cacao. La chute, très suspecte, des cours de l'hévéa essaie de contenir cette expansion sans succès. Les *traders* de cacao et les chocolatiers, pour s'assurer de la continuité de leurs approvisionnements, veulent se transformer en paysans. Toutes ces entreprises trouvent leur bonheur dans la nouvelle Constitution ivoirienne.

Les politiques foncières non suffisamment élaborées sont toujours porteuses de conflits sociaux graves. Au lieu d'aide nos paysans à devenir des exploitants agricoles modernes, l'on les oriente vers une nouvelle forme d'esclavage comme c'est le cas en Malaisie, en Indonésie. Les paysans préfèrent l'humiliation sur les chantiers de la Coupe du monde du Qatar de 2022 à l'esclavage dans les champs de palmiers à huile. Avec une population très jeune et un taux de chômage exponentiel, la Côte d'Ivoire ne peut pas se permettre le luxe d'une législation foncière mal élaborée. Tôt ou tard, elle fera face aux conséquences politiques et sociales de cette démesure dans la gestion des terres.

Mais au-delà de tout, la copie servile de modèle de développement économique, décriée ailleurs, est la preuve du manque de génie du leadership africain et de son incapacité à se donner son propre modèle de gouvernance politique et économique.

CHAPITRE III

QUEL PROCESSUS DE CONTROLE DE L'INFRASTRUCTURE DE L'ECONOMIE IVOIRIENNE ?

Comment peut-on contrôler l'infrastructure économique de son pays lorsque la superstructure reste sous domination extérieure. L'équation semble difficile à résoudre. Les réseaux, qui ont livré une guerre terrible contre la Côte d'Ivoire en vue de contrôler l'Etat, comprennent que quiconque contrôle l'Etat contrôle finalement l'économie. Cela est d'autant plus vrai que l'Etat reste l'acteur économique majeur du pays. La diplomatie est d'essence pacifiste. De tous les temps, les princes entretiennent entre eux des relations diplomatiques en vue de garantir leurs intérêts mutuels qui sont, en fin de compte, à somme nulle : les intérêts de l'un contrebalançant ceux de l'autre. Cette image idéaliste est totalement en décalage par rapport à la réalité diplomatique actuelle. Trop de connexions et de réseaux souterrains dédoublent les relations diplomatiques officielles. Les plus performantes dans ce domaine sont les multinationales. La bataille pour le contrôle de l'infrastructure économique des pays africains par eux-mêmes est une quasi-guerre à mener aux multinationales et les réseaux de la diplomatie souterraine qui sont autant de réseau de corruption de diverses formes. Pour les pays africains, pris individuellement, aucun d'eux ne peut tenir la dragée haute devant ces géants qui ont une emprise sur tout. Il suffit de regarder la hargne avec laquelle ces réseaux combattent le moindre changement même dans les pays dits puissants. Le président américain, Donald Trump, peut témoigner de la puissance destructrice de ces réseaux. Se plaçant dans une logique qui tranche avec les us et coutumes établis et strictement contrôlés par le système, il est du coup soupçonné d'être élus par des jupitériens, toute chose qui, si l'on s'en tient aux médias, le rend odieux vis-à-vis de ses concitoyens. Pourtant, il a bel et bien gagné les élections aux Etats-Unis. Aujourd'hui plus qu'hier, la bataille est encore plus rude. L'économie du numérique aidant, les réseaux souterrains se sont raffinés davantage.

La bataille est d'autant plus rude pour les pays africains qu'elle vise à délier le mental pris en étau par l'illusion. Il y a toujours cette question lancinante, sans réponse définitive : quel est le modèle de développement que l'Afrique veut pour elle-même ? Il y a donc une redéfinition des priorités qui s'impose d'elle-même au continent noir s'il veut se donner une société fondamentalement sienne. Il est, en effet, établi que toute société qui se bâtit à partir de valeurs importées s'expose à une fin précipitée. L'opinion s'interroge sur les mouvements sociaux qui sapent les démocraties latino-américaines et qui donnent tous les signes de mouvements contre-révolutionnaires. La référence à cette partie du monde est d'autant plus intéressante que celle-ci a été, pendant longtemps, le théâtre de mouvements révolutionnaires qui ont donné une nouvelle espérance à l'humanité au siècle dernier. Mais, la révolution a commis l'erreur de ne pas entretenir le renouvellement du leadership révolutionnaire. Tous ces jeunes, qui opèrent la contre-révolution, ont été formés dans des universités et des écoles des pays que les révolutions ont naguère combattus. Cette jeunesse, uniformisée au standard de la pensée monolithique de l'ultralibéralisme, est aujourd'hui en conflit ouvert avec les héritiers de la révolution.

« *Ce qui se passe au Venezuela, en Bolivie etc. s'annonce comme le retour victorieux de l'ultralibéralisme sur les terres des révolutions bolivariennes du siècle dernier, un retour porté par les descendants des héros de la révolution* ».[65]

Une révolution qui ne forme pas sa jeunesse s'essouffle très vite. Ce qui se passe en Amérique latine est ce qui s'est passé en Côte d'Ivoire avec la rébellion. Cette dernière a été alimentée et dirigée par des jeunes qui ont donné l'impression, à un moment de leur cursus, le sentiment d'être dans un mouvement de rupture. Mais très vite, l'aimant du système les as attirés vers ce dernier. Il nous faut pourtant

[65] Juan Edourado, délégué du parti socialiste de la Bolivie à la réunion du panafricanisme à Lusaka, du 1er au 4 avril 2015.

oser la rupture pour forger la post-modernité, en fonction de notre choix, en tant que l'expression de notre souveraineté. Il faut, sans cesse, revenir à la charge malgré l'adversité. Il faut proposer une nouvelle espérance en partant de nos échecs passés.

L'état de l'économie de la Côte d'Ivoire, à l'instar des autres pays africains, anciennes colonies françaises, combiné avec l'espérance de notre peuple pour un renouveau, nous impose d'opérer une rupture avec notre passé que la gouvernance de Ouattara perpétue sinon renforce. Cette rupture n'est possible que si nous identifions les raisons profondes, à la fois macro et micro-économiques, qui expliquent l'échec de l'expérience de 60 ans d'indépendance. Il en existe plusieurs qui se regroupent sous l'expression générale de manque de contrôle sur l'infrastructure économique de notre pays. Ce manque de contrôle sur l'infrastructure économique est porté par des normes imposées par le milieu de la haute finance internationale. L'invariabilité des politiques économiques et financières, depuis plusieurs décennies dans le monde, est la résultante d'un compromis entre puissances financières et gouvernements des Etats puissants pour maintenir le *statu quo* contre les peuples à l'effet d'affaiblir les Etats au profit desdits groupes financiers. Tous les programmes économiques des puissances occidentales sont identiques d'un pays à un autre. Ces programmes économiques sont marqués par :

- Une diminution croissante des engagements de l'Etat dans la vie économique et sociale qui se manifeste par l'épouvantail des déficits budgétaires qu'il convient de maintenir dans une certaine proportion (-3% du PIB). Ce qui se traduit par la diminution des effectifs des fonctions publiques, l'allongement du temps de travail avant la retraite, la restriction des services sociaux, l'assouplissement des règles de travail au détriment des populations etc.
- La diminution des impôts directs et l'accroissement corrélatif des impôts indirects fondamentalement restrictifs de la justice fiscale. Ce type d'impôt soumet

invariablement, au même taux, les riches et les pauvres, tous deux étant appelés à consommer.

- Le non financement des économies par les banques centrales et le recours aux crédits sur les marchés financiers privés.

La situation de la dette ivoirienne, après l'effort de désendettement entrepris par le président Laurent Gbagbo dans le cadre du programme d'allègement de la dette des pays pauvres très endettés (Ppte) dont le point d'initiative a été atteint en 2009 et le point d'achèvement en 2012, est alarmante. La conséquence de ce recours aux crédits reste la chute de l'économie réelle productive et le regain asymétrique des économies spéculatives.

Pour les pays africains, ces règles constituent la plus grande menace contre l'existence même de l'Etat. Dans la pratique, l'Etat africain a perdu, depuis la fin des années 70, le contrôle sur son infrastructure économique. Il convient d'opérer une rupture en remettant l'Etat au centre de la construction économique du pays, non pas seulement en Côte d'Ivoire, mais aussi bien dans l'espace Cedeao et au-delà. Il faut ériger cette vision en challenge. Pour porter cette vision à son accomplissement, l'Etat doit retrouver la plénitude de sa souveraineté sur son infrastructure économique au niveau de ses trois piliers essentiels :

- La terre
- La production économique
- Les instruments financiers

Nos propositions doivent constituer l'antithèse de ce qui se pratique actuellement en Côte d'Ivoire qui n'est que la poursuite d'une économie de type colonial qui s'insère dans le plan global tel que rappelé ci-dessus.

I. La Maitrise de la terre.

A- L'état des lieux

Depuis 1906, la gestion des terres africaines, de ce qui constitue aujourd'hui l'espace francophone d'Afrique subsaharienne, repose sur le postulat de base selon lequel la terre appartient à l'Etat, d'abord puissance coloniale, ensuite Etat postcolonial. La conséquence attachée à ce postulat est que, c'est l'Etat qui redistribue les terres aux populations suivant les modalités prescrites par le décret du 24 juillet 1932 connu sous le nom de décret foncier. La procédure prévue à cet effet est la procédure d'immatriculation empruntée du colon britannique, qui l'a expérimentée avec succès en Australie. C'est à cette procédure que le droit coutumier a résisté depuis plus d'un siècle. C'est cette résistance qui fait échec à chaque réforme foncière. Il en sera ainsi aussi longtemps que l'Etat n'aura pas accordé au droit coutumier la force qui lui revient. La loi du 23 décembre 1998 relative au foncier rural, bien que reconnaissant les droits coutumiers comme source primaire du droit foncier, les soumets, néanmoins, à l'immatriculation sans quoi ils perdent leur force au bout d'un certain temps. Nous nous retrouvons dans un système foncier dans lequel se juxtaposent plusieurs sources (le droit coutumier, l'immatriculation, le code civil, l'Ohada) qui, en se combattant entre elles, s'annulent finalement. Or, l'immatriculation repose sur un type d'économie qui est d'essence colonial. C'est pourquoi, la correction de notre système de production exige l'abandon préalable de l'immatriculation comme source principale de droit foncier en Côte d'Ivoire. L'affirmation du droit coutumier, comme source principale du droit foncier, reste la seule parade contre la convoitise des terres. Il est important de garder à l'esprit la forte attraction que les terres africaines exercent sur les puissances étrangères. Aujourd'hui, plus de 15 millions d'hectares des terres africaines sont exploitées, parfois à titre définitif, par des structures privées étrangères. Ces dernières sont encore à l'affût de plus de 20 millions d'hectares. Les questions foncières ont une incidence majeure sur les économies africaines.

L'abandon de l'immatriculation, comme source première de création de droits fonciers, exige des réformes profondes du régime foncier ivoirien afin de garantir un plus grand contrôle endogène sur celui-ci et le tenir loin des risques de prédation qui pèsent sur nos terres, la première infrastructure économique du pays.

B- Réformes du régime foncier et domanial.

La réforme doit viser à consacrer, de façon définitive, le droit coutumier comme source mère du droit foncier et domanial en Côte d'Ivoire. Cette réforme se concrétisera par des modifications profondes d'ordre législatif et d'ordre institutionnel.

1) Réformes législatives

Une loi organique doit être prise pour réglementer la gestion des terres en Côte d'Ivoire. Le caractère organique de cette loi vise à en renforcer l'autorité que la simple loi ordinaire ne confère pas. Cette loi doit proclamer que la terre est fondamentalement régie par le droit coutumier. Néanmoins, cette loi doit également prévoir les modalités d'exercice de ces droits ainsi que la situation des droits acquis : ceux de l'Etat, ceux des tiers (autochtones, allochtones, étrangers). Il s'agit, à travers cette loi, de créer une nouvelle dynamique foncière fondée sur un nouveau type d'économie dans lequel la force de travail et le capital se rencontrent dans des rapports nouveaux qui garantissent les droits des uns et ceux des autres. Cette loi, tout en consacrant l'unicité matérielle du droit foncier applicable en Côte d'Ivoire, en consacre également l'unicité institutionnelle.

2) La réforme institutionnelle de la gestion des terres

2-1. L'unicité institutionnelle

La gestion actuelle des terres en Côte d'Ivoire est marquée par une multiplicité des acteurs dont les actions, parfois concurrentes, rendent à la fois complexe et inefficace la gestion du foncier. Pour rappel, les structures suivantes interviennent dans la gestion du foncier :

- Le ministère de la Construction pour les terres urbaines.
- Le ministère de l'Agriculture pour les terres rurales
- Le ministère des eaux et forêts pour les parcs nationaux
- Le ministère des Infrastructures économiques pour le domaine public de l'Etat.
- Le ministère en charge des Finances à travers la DGI pour la gestion financière à la fois du domaine de l'Etat ainsi que les droits des tiers.

Il faut ajouter à tous ces ministères, les structures privées ou parapubliques telles que la Sodefor, l'Agef etc.

La chaine foncière est trop longue. Il convient de créer une structure unique de gestion du foncier et du domaine sous forme d'une société d'Etat ou une société à participation publique telles que prévues par les lois 97-519 et 97-520 du 4 septembre 1997.

Cette société prendra le nom de Société nationale du Foncier, du Cadastre et de la Cartographie. Elle aura les missions suivantes :

Missions cadastrales

- L'élaboration et la mise en œuvre du cadastre au niveau national.
- La construction et la préservation de toute l'infrastructure cadastrale.
- La constitution, la conservation et la diffusion de l'information cadastrale.
- La tenue à jours de tous les registres du cadastre, qui remplaceront les livres fonciers hérités de l'immatriculation.
- La mise à la disposition de la DGI de toutes les informations pour l'imposition du foncier.

Missions foncières et domaniales

- La constitution et le suivi du domaine de l'Etat et celui du domaine public.

- La curatelle des biens immobiliers abandonnés ou en déshérence.
- L'élaboration de toute la législation en matière foncière.
- Le suivi des hypothèques ou des autres formes de suretés nouvelles ou héritées de l'ancien régime.

Missions d'études et d'assistance
- L'étude régulière du marché immobilier.
- La détermination des indemnités d'expropriation pour cause d'utilité publique ou pour cause de destruction des biens d'autrui.
- Appui aux collectivités décentralisées en matière cadastrale et foncière.

Mission de cartographie
- L'établissement de toute la cartographie de base et toutes les cartographies thématiques.

Organisation

Cette structure, ainsi créée, aura un Conseil d'administration dans lequel siègeront l'Etat, les collectivités décentralisées et les propriétaires terriens coutumiers. Elle sera représentée à tous les échelons territoriaux jusque dans les villages.

Il est nécessaire de rendre au capital foncier sa capacité de financiarisation. Dans l'état actuel des choses, ce capital est très statique. Les propriétaires fonciers coutumiers doivent être capables de transformer leurs droits en moyens financiers susceptibles de moderniser leur vie quotidienne. Autour de la terre, plusieurs réseaux d'intérêts se connectent pour former ce que l'on appelle le marché hypothécaire.

2-2. La bourse immobilière et hypothécaire

Il s'agit de créer un marché dans lequel se rencontrent les différents droits immobiliers portés par des intérêts croisés.

Le droit foncier a une formidable capacité de se muer en capital financier sans pour autant changer de titulaire. En effet, un propriétaire immobilier peut facilement adosser un prêt à son droit immobilier. Le créancier constitue alors une hypothèque. Cette dernière est tout aussi cessible à l'infini. Il suffit que le droit soit né dans un environnement juridique qui rassure les créanciers successifs. La bourse immobilière et hypothécaire assurera la liaison entre les différents droits fonciers et les clients potentiels qui peuvent être intéressés par ceux-ci. Tous les droits dérivés du droit immobilier initial peuvent s'échanger dans cette bourse. Par exemple, des propriétaires fonciers peuvent décider de mettre en location, à certains éleveurs, à des fins de pâturage, leurs terres. Il faut un espace pour que les volontés des propriétaires terriens et des éleveurs se rencontrent afin que leurs différents droits s'échangent. Cette option peut aider à résoudre l'épineuse question des conflits fonciers sans fin entre les éleveurs et les agriculteurs.

La bourse immobilière et hypothécaire va faciliter la financiarisation du droit foncier. Nous pouvons créer ainsi une classe moyenne paysanne qui vit de ses droits fonciers comme le titulaire de n'importe quel capital.

II. Le mode et la structure de production économique

A- L'état des lieux

L'économie ivoirienne est restée une économie coloniale. Celle-ci se distingue par l'hypertrophie du secteur primaire, lui-même, tourné vers la satisfaction du marché extérieur. Depuis 60 ans, la Côte d'Ivoire a du mal à sortir de ce système de production qui évolue dans un cycle infernal. La production industrielle et les services étant faibles, le pays est contraint d'importer les biens de consommations manufacturés. Pour y arriver, il lui faut des devises qu'il ne peut obtenir qu'en exportant des matières premières brutes ; d'où l'obstination de la Côte d'Ivoire à faire porter son économie par l'exportation du cacao brut. Toute la politique économique, financière et budgétaire de l'Etat repose sur l'exportation de ce produit qui, comme toutes les matières premières, a deux grosses faiblesses : la commercialisation du cacao brut crée une très faible valeur ajoutée et elle est soumise aux aléas d'un marché qui échappe totalement aux vendeurs. Or, beaucoup de pays se sont appuyés sur leur agriculture pour émerger, cas notamment du Brésil et de l'Inde, mais très vite, ces pays ont su combiner l'agriculture et l'industrialisation. La Côte d'Ivoire est restée collée à l'agriculture. Pire, elle n'est jamais arrivée à la moderniser de sorte que les moyens de production en sont encore à l'ère ancienne. Le rapport entre population agricole et la part de l'agriculture dans le PIB est tel que finalement, individuellement pris, chaque agriculteur s'en sort avec une portion congrue. Dans la réalité, à quelques rares exceptions près, tous les paysans ivoiriens sont des employés des multinationales qui opèrent dans le domaine du cacao. Voilà l'une des explications de la persistance de la pauvreté endémique de la Côte d'Ivoire. Il faut impérativement en sortir.

B- Propositions.

1) L'industrialisation progressive à partir de l'agriculture.

Il convient d'imposer un quota annuel de transformation sur place des matières premières à tous les exportateurs. En ce qui concerne, par exemple le cacao, à l'échéance 2030, la Côte d'Ivoire doit arriver à la cessation de l'exportation du cacao brut. Il faudra faire de la transformation, même partielle du cacao, une conditionnalité à remplir par tous les exportateurs, notamment étrangers. Le quota partira de 10% du montant total des exportations pour la première année 20% pour la deuxième année, ainsi de suite jusqu'à la cessation totale des exportations du cacao brute. Le succès d'une telle politique repose sur deux piliers essentiels :

- La recherche-développement
- L'imposition des quotas de transformation industrielle des matières premières.

C'est l'articulation des résultats de la recherche-développement et de l'obligation de transformation des matières premières qui ont permis à Nehru de corriger, à la fin des années 50, la politique d'industrie lourde entamées au début desdites années.

Mais la Côte d'Ivoire seule ne peut pas réussir un tel pari. Il faut ouvrir un dialogue avec le Ghana, le deuxième producteur mondial après la Côte d'Ivoire, en vue d'harmoniser leurs politiques de vente de ce produit. Les deux pays peuvent influencer le marcher du cacao.

Cette expérience pourra s'étendre à l'hévéa ainsi qu'à l'anacarde etc.

2) L'agriculture alimentaire au service de l'industrialisation et de l'emploi.

La Côte d'Ivoire est le deuxième importateur de riz de l'espace Cedeao, derrière le Nigéria, avec une moyenne annuelle de 950 000 tonnes pour un coût de 230 milliards de F Cfa. Le riz constitue la première source d'alimentation de l'Afrique de l'Ouest. En 2020, la projection de la consommation de riz dans cet espace est de l'ordre de 45 millions de tonnes alors que la production ne sera que de l'ordre de 25 millions de tonnes.[66] Il y a donc un gap de l'ordre de 20 millions de tonnes à importer. Dans l'espace Cedeao, la Côte d'Ivoire enregistre la plus faible participation de la production de riz à la croissance agricole. Cette participation est de l'ordre de 10% contre 35% par exemple pour la Sierra Leone, 33% pour la Guinée, 21% pour le Mali, 19,5% pour la Guinée-Bissau et 13% pour le Sénégal et le Nigéria. Il s'ensuit que la Côte d'Ivoire a encore une très grande marge de manœuvre pour accroitre sa production de riz. Dans les dix prochaines années, il est possible de propulser la Côte d'Ivoire dans le peloton de tête. La solution ne se trouve pas dans l'arrivée des grands groupes occidentaux. La réforme du système foncier devra permettre une participation plus active des populations rurales au

[66] *Source Africarice.*

financement de la production de riz. Il faut, pour cela, arriver à faire affecter une partie de l'énorme sortie de devises allouées à l'importation du riz à la production locale. Il faut transformer les importateurs de riz en acheteurs locaux de riz et l'Etat doit réintroduire la politique d'appui mécanique et technique à la production de riz. Il s'agit de défiscaliser la production et la commercialisation du riz local et de surtaxer l'importation à l'horizon 2020. Cette option constitue une bonne approche pour résorber le chômage notamment en milieu rural. Il faudra investir 150 milliards de F Cfa sur les cinq prochaines années pour l'amélioration de l'infrastructure de production et distribution du riz local.

Ce qui vaut pour le riz vaut aussi pour la production d'attiéké dont la consommation s'étend de plus en plus en Afrique.

Le marché des agrumes et des légumes est encore ouvert. Il est dominé par le Maroc qui alimente les pays subsahariens par sa frontière terrestre avec la Mauritanie et descend au Mali et au Sénégal. La Côte d'Ivoire reçoit sa part de la production marocaine. Il y a urgence à développer une vraie économie des agrumes et légumes portée par la mécanisation et l'industrialisation de sa production. Il faut donc créer une structure d'encadrement de la production et de la commercialisation des agrumes et légumes.

De manière évidente, il urge d'explorer toutes les voies qui permettent de diminuer la dépendance de l'extérieur. Il faudra créer une agence d'étude et de promotion des céréales locales. Il est possible de fabriquer du pain à partir du riz, du mil ou du sorgho, du fonio. Le blé, qui ne pousse pas en Côte d'Ivoire, doit cesser d'être le constituant principal du pain consommé par nos concitoyens.

L'agriculture vivrière doit être le noyau dur de l'industrialisation. Sa participation au PIB doit améliorer parallèlement la balance de paiement de l'Etat.

La transformation de la structure économique passe également par l'accroissement de la part des services dans la création de la richesse nationale. Dans un premier temps, le secteur du tourisme doit être revitalisé. Il faut absolument booster à la fois le tourisme interne et le tourisme international. Le tourisme constitue l'un des secteurs qui emploient le plus de personnes de façon directe et de façon indirecte. C'est pourquoi, il faut transformer la culture en actrice économique majeure. Il est possible d'instituer par an, deux jours, notamment deux vendredis, comme jours de tourisme interne. Ces jours seront institués payés et chômés. Les services offerts par les structures hôtelières et les restaurants, de quel que forme qu'ils soient, seront détaxés pendant ce long weekend. Les activités habituelles telle que cérémonies funéraires, mariages etc. seront interdits pendant ces deux weekends. Ce sont des weekends dits de tourisme. Tout le monde sera astreint à leur observation.

Au total, il faudra asseoir une politique audacieuse de rupture et de transformation en profondeur du système de production afin de multiplier les agrégats qui participent à la constitution de la richesse nationale.

C- Redéfinir l'économie minière et pétrolière

L'Etat doit avoir un contrôle plus étroit et une participation plus large dans l'exploitation des mines et du pétrole dans l'intérêt des générations actuelles et futures. C'est pourquoi, l'Etat doit être considéré comme détenteur d'au moins 25% du capital de toutes les entreprises d'extraction et de commercialisation des produits miniers. Ces parts de l'Etat serviront à former ce que l'on peut appeler un Fonds ivoirien à l'instar des fonds des pays arabes. Les modalités de constitution de ce fonds seront abordées plus loin dans la réforme du secteur bancaire et budgétaire.

Au total, la modification de la structure de production de l'économie nationale s'impose comme un prérequis de toute la politique financière de l'Etat. La politique d'endettement, qui ne repose sur aucune restructuration de l'économie, est une fuite en avant. L'économie doit justifier l'endettement mais non le contraire. Il est évident que la rupture avec l'ancien mode de production aboutira à terme, de façon évidente, à l'amélioration des finances de l'Etat.

III. Les instruments financiers

Ces instruments se rapportent au budget, à la monnaie, au secteur bancaire et la dette.

A- Le budget

1) L'état des lieux

Le cadre budgétaire ainsi que les règles des dépenses publiques ont très peu évolué depuis l'indépendance. Ils sont tous d'inspiration de l'administration coloniale. Le cadre budgétaire et les règles d'exécution des dépenses publiques se sont standardisés dans l'espace Uemoa. Jusqu'à une date récente, l'on relevait deux budgets : celui dit de fonctionnement, alimenté par les recettes fiscales et les divers concours extérieurs, et le budget spécial d'investissement alimenté, quant à lui, par les excédents des produits d'exportation du binôme café-cacao et les emprunts multilatéraux ou bilatéraux à long terme. Dans le cadre des directives de l'Uemoa, le cadre budgétaire s'est unifié, même si l'on continue de distinguer, dans le budget, la partie relative au fonctionnement et celle relative aux investissements.

Par ailleurs, les critères de convergences édités par l'Uemoa, eux-mêmes inspirés de ceux de l'espace Euro, imposent que le déficit budgétaire annuel ne dépasse guère 3% du PIB. Pour des pays qui se construisent, cela semble une restriction inutilement sévère, puisque dans les faits, en Côte d'Ivoire, l'on a toujours triché avec cette règle. Les soldes budgétaires sont faussés par la clôture de fait du budget à partir du blocage de l'accès aux Sigfip des administrateurs de crédits. Du point de vue économique, cette restriction limite la participation du budget au financement de l'économie. En effet, l'Etat reste l'acteur macro-économique par excellence qui propulse l'économie grâce au budget.

Autre règle, importée et appliquée dans l'espace Uemoa, est l'assouplissement du contrôle *a priori* au profit du contrôle *a posteriori*. L'affaiblissement du contrôle *a priori* constitue l'une des raisons des dérapages budgétaires puisqu'il apparaît comme une licence accordée aux administrateurs de crédits dans l'exécution de leur ligne budgétaire.

Enfin, l'une des faiblesses de nos finances publiques est l'existence d'une parafiscalité qui sert à alimenter des caisses noires et sombres des différents ministères et autres grandes directions. Les recettes publiques sont les résultats de l'effort de tous les citoyens. Elles doivent être dépensées dans la plus grande transparence. Cela suppose que la fiscalité, elle-même, soit revue et corrigée. Il y a encore aujourd'hui trop de régimes spéciaux dans notre système fiscal. Ces régimes dérogatoires de droit commun tiennent, pour l'essentiel, de la haute pression que le monde de la haute finance exerce sur les pays africains pour en tirer le meilleur parti grâce aux avantages fiscaux énormes. L'on avance toujours l'idée que c'est ainsi que l'on intéresserait les investissements directs étrangers dans les pays africains. Alors, au lieu de faire front uni contre ces puissances d'argent, les pays africains, même ceux qui partagent un même espace économique comme la Cedeao, sont entrés en compétition fiscale entre eux pour offrir les plus grands avantages fiscaux aux investisseurs. Il est temps de faire le bilan de cette politique des avantages fiscaux, surtout que les déperditions à ce niveau s'annoncent énormes sans que l'Afrique ne constitue, pour autant, la destination favorite des investisseurs étrangers. Selon l'institut américain de recherche, Global Financial Integrity, dans son rapport de 2013, de 1970 à 2010, ce sont plus de 1800 milliards de dollars américains qui ont été frauduleusement détournés d'Afrique, en passant les différentes failles de nos systèmes fiscaux. Le Fmi abonde dans le même sens, même s'il minimise la portée de cette fraude. Il la chiffre, pour la même période, à environ 854 milliards de dollars américains. La fondation Thabo Mbeki, dans ses conclusions sur le phénomène de la fuite des capitaux africains, ne dit pas autre chose. Elle estime à 50 milliards $ l'an les capitaux qui quittent frauduleusement l'Afrique. Cette fuite de capitaux constitue une vérité désormais admise par tous. Pendant ce temps, pour la même période, le cumul de la dette extérieur de toute l'Afrique réunie se situe à environ 250 milliards de dollars. Donc l'Afrique s'est laissée détroussée, au bas mot, de 854 milliards pour emprunter 250 milliards. La pression fiscale est à 35% du PIB pour les pays développés, de 23% pour les pays de l'Amérique latine et de 15% pour les pays africains. Elle est de l'ordre de 16% en Côte d'Ivoire. C'est l'une des raisons pour lesquelles la croissance ne profite pas aux populations, puisque l'impôt ne la capte pas totalement, et par conséquent, cette croissance n'est pas redistribuée aux populations.

2) Propositions

2-1. La fiscalité

- Elargir l'assiette de l'impôt en tirant le maximum des transactions immobilières rendues dynamiques grâce à la réforme du droit foncier afin de soutenir le développement local par un système de réinvestissement direct du produit de l'impôt dans sa localité d'origine.
- Réviser tous les avantages fiscaux ainsi que tous les régimes dérogatoires prévus par les divers codes d'investissement. Il ne sert à rien de transporter des pierres d'une vallée vers une colline ou une montagne. C'est pourtant ce que les pays africains sont contraints de faire, eu égard aux nombreux cadeaux fiscaux qui sont faits aux multinationales. Il faut porter ce dossier devant la Cedeao et l'Union africaine.
- Réinstaurer l'obligation de réinvestir une partie du bénéfice réalisé en Côte d'Ivoire. Cette disposition qui existait sous la forme d'un prélèvement de 10% des bénéfices fiscaux au profit du Fonds national d'investissement, a été supprimée par Alassane Ouattara en 1990. Il faut réinstaurer ce prélèvement et en améliorer le mécanisme de fonctionnement.

- Diminuer la parafiscalité au profit d'une fiscalité et loger tous les comptes particuliers au Trésor public.
- Fiscaliser le secteur dit informel par l'amélioration du taux de bancarisation (voir le détail au niveau du secteur bancaire).

2-2. Fonds de souveraineté pour financer le budget d'investissement

Création d'une société d'Etat de gestion du portefeuille de l'Etat avec une obligation de résultats positifs sous un contrôle strict à la fois de la Cour des comptes et du Parlement. Cette société doit centraliser toutes les parts qui reviennent à l'Etat dans les mines et le pétrole et les différentes banques privées. Ces parts formeront des dépôts de garantie et de cautionnement auprès d'une véritable banque d'investissement. Il appartiendra à cette banque de mobiliser le financement des infrastructures sur chaque période de cinq ans. Ses engagements sont garantis par l'ensemble de portefeuille de l'Etat qu'elle a dans ses livres. Elle se fait rembourser directement par l'allocation des recettes annuelles affectées à l'investissement. L'opération se dénoue suivant une démarche triangulaire. L'Etat bénéficie d'une ligne de crédit dans cette banque d'investissement correspondant à l'équivalent de son budget d'investissement sur cinq ans. Il ouvre un compte dans la banque d'investissement qui reçoit sous forme de remboursement le montant total des recettes affectées à ce budget.

L'Etat passe les contrats avec les différents prestataires pour l'exécution de son programme d'investissements sur la base de la ligne de crédit ouverte par la banque d'investissement. Le prestataire se fait payer par la banque qui, par un jeu d'écritures, informe le Trésor public.

Ainsi, tout en gardant la propriété de ses parts dans les sociétés de mines et de pétrole, l'Etat les rend liquide grâce au système ci-dessus décrit. La vente des actifs de l'Etat dans le système de privatisation est une fuite en avant qui amenuise, au bout de compte, l'impact de l'Etat dans l'économie nationale.

2-3. Le budget au service de l'emploi-jeunes

Le quart du budget sera alloué de façon directe, à l'emploi des jeunes. Certains marchés publics, qui n'ont pas besoin de technicité particulière tels que les livraisons de denrées alimentaires, les fournitures de bureaux, l'entretien d'espaces verts, doivent être exclusivement exécutés par les jeunes regroupés en coopératives. Cette allocation est ouverte aussi bien à la jeunesse urbaine qu'à la jeunesse rurale. Le Trésor public se constituera garant de ces entreprises auprès des banques, et les règlements des factures se feront directement dans les caisses des banques, qui auront accordé des crédits de fonctionnement à ces structures des jeunes, afin de minimiser le risque de non remboursement des emprunts contractés.

2-4. Le contrôle budgétaire

Il urge de renforcer le contrôle budgétaire *a priori* et de le rendre plus actif. C'est pourquoi, il convient de créer, au sein du ministère en charge du budget, une direction générale du contrôle budgétaire dotée de moyens conséquents. Cette dernière, également dotée des pouvoirs d'investigation renforcés, doit pouvoir se déployer sur le terrain pour s'assurer de la réalité de certaines dépenses publiques. Au moins 25% du budget de l'Etat sont détournés de leur affectation.

2-5. L'internalisation du budget

Il faut entendre par ce concept, l'idée de l'utilisation maximale du budget pour la satisfaction des besoins primaires des populations. C'est une forme de démocratie budgétaire. Il faut trouver le juste milieu entre la fonction économique et la fonction sociale du budget. L'idée de laisser croire que la portée sociale du budget peut être atteinte grâce uniquement à sa fonction économique est illusoire. Au bout de compte, le budget ivoirien ne remplit correctement ni sa fonction économique, ni sa fonction sociale. Le cumul de la dette intérieure et la dégradation du milieu de vie sont intimement liés. En effet, la dette intérieure bloque le refinancement des prestations fournies soit par les entreprises d'enlèvement des ordures, soit par les entreprises d'entretien des routes et des pistes villageoises, soit par les entreprises de fournitures de bureaux.

C'est pourquoi, il convient de confier certaines prestations à des corps d'Etat. A ce propos, le génie civil de l'armée devra se reconvertir dans la construction des petits ouvrages d'art sur certaines routes ou piste et procéder à l'entretien des dites routes ou pistes. Tout comme, l'on peut valablement confier l'enlèvement des ordures à l'armée dans les localités où des armées sont installées. Avec l'armée de conscription, qu'il faut absolument réintroduire, la participation de l'armée à certaines tâches reste une option tout à fait réalisable. Pendant leur période de conscription, les citoyens participent à l'amélioration du cadre de vie. Futurs dirigeants de la société ivoirienne, les opérations d'enlèvement des ordures leur font prendre conscience de l'importance de la question environnementale. Les gains budgétaires réalisés seront utilement affectés à d'autres fins.

Le budget, en tant qu'effort collectif de la nation, doit jouer son rôle d'instrument de financement de l'économie au service des citoyens. Les critères de convergence, inspirés de la zone Euro qui imposent un déficit budgétaire annuel de 3% du PIB, constituent un leurre. Cette condition tient prisonniers les Etats et les oblige à courir derrière l'endettement surtout que ces Etats n'ont pas une totale maitrise de leur monnaie.

B- La Monnaie

Quoique l'on puisse avancer pour le justifier, le Cfa, dans son mécanisme actuel de gestion, est une entrave au financement de l'économie des pays qui utilisent cette monnaie. Rien ne peut justifier que des économies aussi faibles que les nôtres partagent une même zone monétaire que l'Euro.

Il y a urgence de poser le sort du Cfa tel qu'il est structuré actuellement. L'ambition de la Cedeao de se doter d'une monnaie unique à l'échéance 2020, est sérieusement contrariée par le fonctionnement du Cfa. L'ancien président Nigérian, Obasanjo n'a pas tort de dire que l'Uemoa constitue un obstacle à l'intégration monétaire en Afrique de l'Ouest. L'Uemoa se donne comme la tête de pont de la domination française dans l'Afrique de l'Ouest. Il est plus facile de faire partager le Cfa avec les autres pays de l'espace Cedeao à condition qu'il soit déconnecté du Trésor français. Il est quasiment impossible de convaincre le Nigéria, le Ghana, etc. à renoncer à leur souveraineté monétaire pour se placer sous le parapluie monétaire de l'Euro. Pourtant, il y a urgence à ce que les différentes monnaies sous régionales s'intègrent.

Il est donc impérieux de solder les accords monétaires conclus avec la France tout en gardant la monnaie commune aux quinze pays, qui utilisent le Cfa, dans une zone monétaire unique. Ensuite, il faudra intégrer, par cooptation suivant des accords bilatéraux ou multilatéraux, l'adhésion des autres pays membres de l'espace Cedeao. Le Cfa, dans son fonctionnement actuel, favorise les échanges commerciaux entre les pays africains et la France. C'est ainsi que ce système a été conclu. Or, aujourd'hui, il est prouvé que les plus grands partenaires commerciaux de la France sont l'Afrique du Sud, le Maroc, l'Angola, et la Tunisie. Cette réalité témoigne contre le Cfa.

Nous devrons travailler à accroître les échanges commerciaux interafricains suivant le système de *pools leaders* comme l'ont bien réussi les pays d'Asie. Les Etats de l'Asie de l'Est, qui ont connu une croissance économique et un développement spectaculaire dans les années 80 au point de se faire baptiser « *les tigres d'Asie* », ont assis leur politique de développement sur une cohésion régionale autour du leadership du Japon. Ils font appeler leur approche de « *vol d'oies* ». Les oies volent toujours en forme triangulaire avec comme pointe avancée du triangle, l'oie leader. Ces pays ont accepté le leadership japonais dont le

Miti[67] élabore une véritable politique de développement régional axé autour de l'Etat en tant qu'acteur économique majeur.

« Le Japon s'est industrialisé sans pour autant s'occidentaliser.... Son capitalisme est assez différent de la version occidentale : il n'est pas fondé sur le concept formel de l'individu. Il n'a accepté que les concepts associés à l'Etat, l'accumulation de la richesse économique et le rationalisme technocratique »[68].

Il convient d'admettre certains leaderships régionaux et travailler à leur renforcement de sorte à en tirer le meilleur parti. La Côte d'Ivoire doit travailler à booster ses échanges commerciaux avec le Nigéria dans le respect de la souveraineté de chaque partie. A cette fin, il faut travailler ardument à l'avènement d'une monnaie unique entre les deux pays.

En optant pour une stabilité monétaire autour de l'Euro, les pays de la zone Cfa ont opté pour la lutte contre l'inflation comme unique moyen de développer leur économie. Or, à la lumière des performances économiques des autres pays hors zone Cfa, l'on se rend compte que la maitrise de la seule inflation n'est pas suffisante pour asseoir une économie de développement durable. L'on ne peut asseoir une politique de développement économique sur l'unique maîtrise de l'inflation.

La révision du mécanisme du Cfa et son ouverture vers les autres pays vont permettre, à la banque centrale commune, de financer plus l'économie au lieu de s'inquiéter surtout de l'inflation. Dans la réalité, l'arrimage forcé du Cfa à l'Euro rend l'économie de la zone très peu compétitive. La Côte d'Ivoire doit assumer

---

[67] Acronyme pour « *Ministry of International Trade and Industry* » fondé en 1949. Il organise et planifie le développement industriel du Japon en favorisant le développement d'industries stratégiques ou le repli de secteurs en difficulté. Le *Miti* est devenu *Meti* (Ministry of Economie, trade and industry ».

[68] Kinhide Muchakoji cité par William Engdahl in « *Pétrole une guerre de siècle* » *op. cit.* p. 252.

sa responsabilité pleine et entière dans l'avènement d'une monnaie véritablement africaine.

C- Le système bancaire et d'épargne

1) L'état des lieux

Bien qu'étant leader de la zone Uemoa, le taux de bancarisation de la Côte d'Ivoire, estimé à 16%, reste très faible. Il est de l'ordre de 30% au Ghana et progresse plus rapidement qu'en Côte d'Ivoire. Il est de plus de 50% au Nigéria qui ambitionne de le porter à 80% à l'horizon 2020. Hors de la zone Cedeao, il est de l'ordre de 64% au Maroc et de 47% en Tunisie[69].

En ce qui concerne le financement de l'économie (secteur privé hors ménages), le taux de distribution du crédit est d'environ 25% (23% en 2013)[70] contre 68% au Maroc et 96% pour la Tunisie. De façon générale, dans l'espace Uemoa, le taux de distribution du crédit est très faible et mal reparti. Les ménages et les Pme locales sont servis avec la part congrue. Les multinationales et les sociétés étrangères se partagent la part du lion avec une attention toute particulière accordée aux exportateurs du cacao. Cette situation s'explique par deux raisons majeures.

Toutes les banques qui exercent en Côte d'Ivoire sont des banques commerciales qui ont vocation à ne financer que les opérations à court terme. Même à ce niveau, leur apport au crédit de consommation des ménages est très faible. Toutes ces banques sont attirées par la niche du café-cacao où elles réalisent le maximum de leur produit net bancaire, ainsi que par les concours de soudure de fin de mois accordés aux fonctionnaires et autres salariés du secteur privé.

La conséquence est que le réseau bancaire couvre très mal le territoire national. Il est très concentré à Abidjan

---

[69] Chiffres fournis par Union bancaire du Maghreb (Ubm).

[70] Propos de l'ancien président de l'association des banques ivoiriennes rapportés par *abidjan.net* du 3 avril 2014.

relativement présent dans les grandes villes et dans les zones de production du cacao, et inexistant en milieu rural.

Très peu de ces banques ont des capitaux nationaux. L'Etat a été éjecté des banques qu'il avait créées et de celles dont il détenait des parts. Le réseau bancaire a du mal à capter l'épargne des populations rurales ou de celles des villes moyennes.

En gros, les banques ivoiriennes financent très peu l'économie.

2) Propositions

2-1. L'entrée de l'Etat dans le capital de toutes les banques

La bancarisation maximum de la Côte d'Ivoire doit être érigée en priorité absolue. Compte tenu de cet objectif majeur, l'Etat ne peut se désengager totalement du secteur bancaire. L'Etat, qui conduit cette politique de bancarisation du pays, doit être présent dans le capital de toutes les banques opérant sur le territoire national, dans une proportion qui lui permet d'avoir une voix bloquante dans les délibérations du conseil d'administration. Cette disposition demeure une condition *sine qua non* de l'ouverture ou de l'exercice d'une banque en Côte d'Ivoire.

2-2. La création d'une banque d'Etat

En plus de la disposition ci-dessus énoncée, l'Etat ivoirien doit reprendre le contrôle de la Bni. Cette banque doit répondre à sa vocation de banque d'investissements. C'est elle qui doit porter la politique de bancarisation et de captation de l'épargne des ménages, de l'artisanat, et du secteur dit informel. Elle doit jouer un rôle déterminant dans la fiscalisation de ce secteur. La tentative avec l'Asdi instaurée en 1990 ayant échoué, il faut trouver une parade à la fiscalisation du secteur informel et celui de l'artisanat en utilisant le secteur bancaire. La Bni devra donc promouvoir la politique de la microfinance. Chaque Ivoirien doit avoir accès à une structure bancaire ou à un établissement de microfinance dans un rayon de cinq kilomètres. C'est le rôle qui devra être destiné à la Bni.

A cette fin, tous les fonctionnaires et agents de l'Etat devront domicilier leurs comptes dans cette banque. L'argent du contribuable ivoirien ne peut servir à financer la haute finance internationale. C'est une absurdité. Dans la même logique, les excédents d'exportation de nos matières premières qui alimentent, notamment, les diverses structures de gestion du café-cacao doivent être impérativement placés dans les comptes ouverts à la Bni.

La politique de financement de la jeunesse, telle que décrite à travers le budget devra, être opérationnalisée par la Bni. Tous les jeunes bénéficiant du système de financement à travers les marchés publics ouvriront leur compte à la Bni.

La Bni devra également conduire la politique d'investissement du pays telle que décrite plus haut. Par conséquent, les prélèvements fiscaux au titre du Fonds d'investissement seront localisés dans cette banque.

La société holding de gestion du portefeuille de l'Etat annoncée plus haut s'adossera à la Bni.

2-3. La création d'une banque nationale pour le développement de l'agriculture.

Le manque d'une banque de développement de l'agriculture est difficilement justifiable dans un pays qui proclame tirer son développement à partir de l'agriculture. L'expérience de la Bnda a été un échec à cause du contexte du parti unique qui a favorisé les conflits d'intérêts et la corruption. L'idée reste intéressante pour le financement de l'agriculture. La classe moyenne agricole, dont il faut favoriser la création grâce à la dynamique foncière, a besoin d'une banque pour l'accompagner. La banque nationale de développement de l'agriculture sera la deuxième béquille de la politique de bancarisation. Son but est de favoriser la mécanisation de l'agriculture, de soutenir la bourse immobilière, de soutenir la reconversion vers l'agriculture vivrière. Le capital sera partagé entre l'Etat et les différentes structures des paysans.

2-4. Relancer les structures de microfinance

Elle est un versant important de la captation de l'épargne des ménages modestes et de mobilisation des microcrédits. La politique de relance de la microfinance reposera sur la Bni.

La réforme en profondeur du cadre macro-économique de notre économie vise à conférer une plus grande autonomie à notre économie, en la détachant, autant que possible de l'endettement. En attendant, il y a lieu de trouver une solution à l'endettement accéléré entrepris par la gouvernance d'Alassane Ouattara.

D-La dette

1) L'état des lieux

Le manque de transparence, qui entoure la gestion de la dette, jette une incertitude sur le montant total de la dette. Il y a autant de montants de dettes que de sources qui traitent de la question. Officiellement, la dette se situe autour de 8 200 milliards de F Cfa en 2016 dont 52% constitue la dette extérieure et 48% de dette intérieure. Tombée à environs 2400 milliards après le point d'achèvement de l'initiative Ppte, la dette a rebondi de l'ordre de 90% pour se retrouver à plus de 8 200 milliards de F Cfa au premier semestre 2016. Même si le gouvernement ivoirien, se basant sur les standards internationaux, qui fixent, entre autres, le seuil critique du ratio de dette sur PIB de 70%, se soucie peu du niveau d'endettement, il reste clairement établi que le rythme d'endettement fait planer un risque grave sur l'économie et l'avenir du pays. En effet, de sérieux doutes entourent la véracité des chiffres macro-économiques de l'Etat. Il reste bien entendu qu'un ratio étant un rapport, il suffit que l'une des deux composantes dudit rapport (numérateur et dénominateur) soit fausse pour que le ratio en soit affecté autant. Le décalage qui existe entre le rythme de croissance de la dette et celui des recettes fiscales montre, à l'évidence, que notre pays rentre dans un cycle d'endettement, sans possibilité de remboursement, qui compromet l'avenir de la nation. Dans un contexte où les dettes bilatérales entre Etats n'existant quasiment plus, la part prépondérante de la dette privée, contractée à des guichets très chers, ne sera jamais annulée comme naguère dans le cadre du programme Ppte. Pire, les difficultés de trésorerie qui se manifestent au niveau de l'Etat, marquées par le volume élevé de la dette intérieure, rappellent que l'endettement accéléré des trois dernières années n'a pas créé une économie solide capable de résister au moindre choc. La conséquence de l'énormité de la dette intérieure est la déliquescence des structures économiques de base comme les ménages et les Pme, toute chose qui ne fait qu'accroître le niveau de pauvreté. C'est pourquoi, il faut ressortir de la spirale de l'endettement.

2) **Propositions**

- Faire un audit exhaustif de la dette.
- Accorder la priorité au remboursement de la dette intérieure afin de relancer l'économie à partir des acteurs internes.
- Négocier une période de gel de trois ans auprès des principaux créanciers extérieurs pour le remboursement des termes échus.
- Faire le point des guichets d'endettement afin d'éviter les guichets les plus chers.
- Négocier la titrisation de la dette extérieure auprès de la banque d'investissement dont nous avons décrit le fonctionnement ci-haut.
- Traquer les fortunes mal acquises partout où elles sont cachées pour les rapatrier.

IV. La prise en main de certaines activités commerciales

A- L'état des lieux

Le capitalisme ultralibéral n'est pas à une contradiction près quand il s'agit d'opérer dans les pays faibles, notamment d'Afrique. Alors que les situations monopolistiques, en matière commerciale, sont combattues ailleurs, elles sont tolérées dans les Etats africains qui sont désarmés face à la puissance des multinationales. L'ouverture au commerce international suivant les accords de l'Omc ignore certains particularismes qui méritent d'être pris en compte pour les pays qui font face à certains défis tels que le chômage. L'un de ces particularismes se rapporte à certaines activités menées par les multinationales en Afrique et qui ressemblent à des formes de trusts ou du moins des situations monopolistiques. Le dictionnaire la Toupie définit le trust comme étant *« un ensemble de plusieurs entreprises regroupées sous une direction unique et qui exerce une influence importante sur un secteur ou une partie de l'économie. Par extension, le mot trust désigne une grande entreprise qui domine tout un secteur d'activité »*.

Il est évident, à la lumière de cette définition, que la qualité de trust d'une entreprise est fonction de l'environnement économique. La situation dominante d'une entreprise ici peut ne pas être vue comme telle là-bas, si les circonstances et l'environnement économique d'ici ne sont pas les mêmes de celles de là-bas. Prenons un exemple. Les Société Shell et Total font de l'exploration, de l'exploitation, du raffinage, de la vente à la pompe de pétrole. C'est-à-dire que ces entreprises contrôlent tout le circuit de l'exploitation pétrolière. Dans certains pays, cela ne gêne nullement pas puisque toutes les compagnies multinationales fonctionnent suivant ce schéma. Aucune de ces sociétés ne peut être soupçonnée d'avoir une position dominante en Europe ou aux Etats-Unis. Mais l'appréciation est différente en Côte d'Ivoire eu égard au contexte économique. Il est donc loisible de leur interdire certaines activités pétrolières afin de favoriser l'émergence d'une classe d'opérateurs économiques dans ce circuit. Quelle expertise requiert, en effet, la vente à la pompe du carburant au point que cette activité ne puisse être exercée exclusivement par des nationaux pris individuellement ou en coopératives ? Cette remarque vaut également pour toutes les multinationales qui exercent dans l'exportation des produits agricoles.

B- Propositions

- La distribution à la pompe du carburant devra se faire exclusivement par des nationaux. La priorité sera accordée aux regroupements de personnes soit sous la forme de société, soit sous la forme de coopératives. Un mécanisme d'utilisation des installations déjà existantes par les nouveaux exploitants sera défini afin de préserver tous les intérêts en jeu. L'Etat, à travers ses banques, devra aider les nouveaux distributeurs de carburant à la pompe à bâtir de nouveaux matériels de distribution du carburant.
- La collecte bord champs et l'exportation par les multinationales des produits agricoles de rentes, non transformés, devra être prohibée de façon absolue. Les entreprises nationales en seront leurs fournisseurs.

Toutes ces mesures sont nécessaires pour lutter contre le chômage, mais surtout pour avoir un meilleur contrôle sur l'infrastructure économique nationale.

Il est cependant primordial d'inscrire la maitrise de l'infrastructure économique dans une approche panafricaniste. La structuration des économies africaines ne favorise pas une démarche africaine globalisante. Etant toutes des économies de rente, elles placent les pays africains dans une logique de compétition au lieu d'être dans une logique de complémentarité et de soutien. Il urge de corriger le tir à ce niveau.

V. Le panafricanisme au service de la souveraineté économique

A- L'état des lieux

L'histoire du monde offre de nombreux exemples d'économies qui ont émergé en s'appuyant sur une économie régionale puissante. L'exemple le plus remarquable reste le cas du Japon et les pays de l'Asie du Sud-est. Sorti affaibli de la Seconde Guerre mondiale et surtout des représailles meurtrières des Etats-Unis d'Amérique, le Japon a pu se reconstruire une économie solide en s'appuyant sur ses spécificités culturelles, sociologiques, anthropologiques et historiques en moins d'un quart de siècle, et a su conserver sa position de leader régional. C'est, en s'appuyant sur la puissance économique japonaise, que les pays de la sous-région d'Asie de l'Est et du Sud-est ont réussi à développer leur économie. Malgré l'émergence de la Chine, le Japon continue de soutenir l'économie des pays de cette région En 2015, plus de 50% des exportations totales du Japon étaient destinées aux pays des régions d'Asie de l'Est et du Sud-est. Les volumes des exportations japonaises, en direction de ces pays, se sont accrus avec le développement économique enregistré dans ces pays. Il y a donc une sorte de vase communicant et une interaction dynamique entre ces pays à partir du Japon. L'arrivée de la Chine ne fait que renforcer cette dynamique économique régionale respectueuse de la souveraineté des peuples.

« *L'Asie du Sud-est. On a ici aussi une mosaïque d'Etats qui tantôt partagent les mêmes aspirations spirituelles et religieuses (surtout bouddhisme ; mais aussi islam et christianisme) tantôt les mêmes choix idéologiques (l'Asie communiste dans le sillage de la Chine ; l'Asie du libéralisme avec le Japon). Mais en même temps, l'histoire de l'expansionnisme de certains de ces Etats (Chine, Japon notamment), les chocs souvent violents avec l'Occident (le Japon dans la Seconde Guerre mondiale ; la révolution marxiste en Chine ; la guerre du Vietnam ; la guerre de Corée ; etc.) marquent le contexte des initiatives d'intégration régionale par la persistance d'une certaine méfiance dans les mentalités collectives. Certains de ces Etats sont accusés - à tort ou à raison – de préparer de nouvelles formes d'expansionnisme (la Chine, le Japon, la Corée du Nord) ; et la forte présence américaine, militaire comme économique, constitue pour certains pays une raison supplémentaire de s'engager dans une telle option. Jusque vers la fin des années 80 et même encore aujourd'hui pour certains, plusieurs pays (la Chine, Taïwan, la Corée du Nord, le Laos, le Vietnam, le Cambodge, la Mongolie Extérieure) restent à l'écart de toute coopération régionale spécifique*...*Le respect de la souveraineté de chaque Etat est l'un des principes affirmé dans la Déclaration de Bangkok de 1967 : Tous les membres sont égaux et tous les organes de l'ASEAN délibèrent sans vote, toutes les décisions étant prises à l'unanimité et les points sensibles devant être discutés hors du cadre institutionnel et au plan bilatéral. Un tel fonctionnement empêche l'apparition de tout leadership. En effet, aucun Etat ne peut faire prévaloir son point de vue si ce n'est par consensus. La sauvegarde de la souveraineté nationale est donc entière. Ce principe s'appuie sur celui de la non-ingérence dans les affaires intérieures d'un autre Etat membre »*[71].

L'expérience de l'Asean telle qu'exposée par le Pr Kipré peut servir d'exemple pour l'intégration des pays africains. La puissance économique du leader régional n'en fait pas une super nation qui a vocation de dominer politiquement les autres.

La même observation d'intégration autour d'une économie dominante se fait aussi au niveau de l'Amérique du Nord, entre les Etats-Unis et le Canada d'une part, et les Etats-Unis et les pays du Sud américain d'autre part. Malgré leurs relations tumultueuses dues au fait notamment, qu'à la

---

[71] P. Kipré : Extrait d'un rapport sur «*Le concept d'intégration dans les sciences sociales et la question de l'action citoyenne* », Consultation Unesco, Paris, 2002.

différence de l'approche asiatique, les Etats-Unis d'Amérique ont tendance à vassaliser les autres nations, l'émergence de l'économie mexicaine trouve son fondement dans la puissante économie américaine. Alors qu'ils semblent s'opposer sur bien de question, l'alliance qui unit le Canada, Les Etats-Unis et le Mexique tient ces trois pays dans une sorte d'interdépendance. L'émergence de l'économie mexicaine stimule les importations américaines et vice-versa.

De plus en plus de pays s'organisent autour d'un leadership régional pour construire leur économie.

En revanche, en la matière, l'approche des pays africains est totalement différente en ce qu'elle emprunte un chemin contraire. L'affaiblissement des puissances régionales, pour le compte de puissances extérieures à l'Afrique, est une identité remarquable des politiques africaines. Les exemples en sont nombreux.

Quels ont été les gains pour ses voisins, de la division du Soudan orchestrée par la Chine et les Etats-Unis ?

Le désordre économique du Nigéria impacte négativement des pays comme le Bénin et le Togo, y compris le Niger, le Tchad voire même le Cameroun. Les produits pétroliers de la contrebande, vendus au Bénin, proviennent justement de ce désordre nigérian.

Que dire du scandale de la République démocratique du Congo (RDC). Ce pays, au cœur de l'Afrique, est devenu un éléphant mort qui nourrit les rapaces proches et lointains. Les opinions s'extasient devant le relatif succès rwandais en ignorant que ce succès repose sur le dépècement conscient de la RDC. Alors qu'une économie forte de ce pays arrangerait les économies des pays voisins, ces derniers s'attèlent plutôt à affaiblir ce pays pour le plaisir essentiellement des puissances occidentales.

A part quelques fortunes individuelles mal acquises, qu'a gagné le Burkina Faso dans la déstabilisation de la Côte d'Ivoire d'où il tire une bonne partie de son PIB ?

Il existe des leaderships économiques régionaux qui s'imposent d'eux-mêmes.

L'Afrique du Nord ne peut mieux se porter avec une Egypte affaiblie. L'Afrique de l'Ouest a tout intérêt d'un

Nigéria performant, l'Afrique Centrale gagnerait plus avec une RDC stabilisée. Les choses s'harmonisent mieux en Afrique de l'Est avec l'Ethiopie, le Kenya et la Tanzanie qui soutiennent cette région. L'Afrique du Sud est leader naturelle de l'Afrique australe.

Il est nécessaire de travailler à la construction de ces pôles économiques régionaux au lieu de les affaiblir.

B- Propositions

- Il faut renforcer l'axe Abidjan-Abuja pour converger les efforts des pays de la sous-région ouest-africaine vers l'émergence d'une économie forte au Nigéria. La constitution de l'Union douanière de la Cedeao est un impératif majeur. Le projet finalisé en avril 2017 doit être rendu opérationnel.
- Il faut consacrer sans gêne la préférence africaine dans tous les domaines.
- Il faudra élargir autant que possible la Cedeao aux pays qui souhaitent y entrer à condition que cette intégration ne fragilise pas la souveraineté africaine

CONCLUSION

Nous avons dit que toute dialectique procède d'une contradiction dont la perception s'oppose à celle de la contradiction formelle perçue comme étant une erreur. Tout mouvement est, en lui-même, une dialectique qui s'anime autour d'un point fondamental. Ce point fondamental constitue, au sens philosophique, la contradiction principale. D'autres contradictions tout aussi importantes peuvent se greffer sur la contradiction fondamentale au point de cacher, à un moment donné du mouvement, la contradiction principale alors que dans la réalité, bien qu'elle se soit bonifiée, elle n'en reste pas moins secondaire par rapport à la principale. Il en va ainsi du débat sur le développement de l'Afrique. Quelle est la contradiction principale du développement du continent noir ?

En marge du sommet du G20 tenu les 7 et 8 juillet 2017 à Hambourg, au cours d'une conférence de presse qu'il animait, le président de la République française, Emmanuel Macron, a relevé ce qui semblait être pour lui la contradiction principale du développement de l'Afrique. Pour lui, en effet, le retard de l'Afrique relève de son surpeuplement marqué par une procréation prolifique. Il en est même désarmé puisqu'il s'agit pour lui « *d'une question civilisationnelle* ». En d'autres termes, l'Afrique restera non développée aussi longtemps qu'elle ne changera pas de civilisation. Autant dire que pour que l'Afrique vive et se développe, elle doit accepter tout simplement de « mourir » pour renaître européenne et hellène. Ce débat, bien qu'étant à notre sens dépassé (le Malthusianisme avait condamné la Chine et l'Inde à la pauvreté éternelle), a le mérite de poser la corrélation intime qui tient, indissociablement lié, chaque modèle économique à la société humaine qui le produit. En effet, l'homme est à la fois moyen et finalité économique. Une telle acceptation des choses exclut, d'emblée, le monolithisme économique. L'interconnexion plus forte des peuples du fait de leur rapprochement, qui est également un produit de l'histoire, condamne à l'extinction toutes formes d'autarcie ; mais, en même temps, l'uniformisation des différentes civilisations reste la plus grande menace pour l'humanité. Dire que l'Afrique est victime de cette uniformisation civilisationnelle n'est pas une exagération. La conceptualisation du développement dans le moule occidental soulève de nombreuses questions aussi bien dans son approche que dans sa finalité. A quoi renvoie finalement le développement et quel est son objectif ? Constitue-t-il un état ou est-il une étape d'un mouvement ? S'il est un état fini, alors comment se juge-t-il et comment y arrive-t-on et avec quels moyens ? Si, au contraire, ce n'est qu'une étape dans un mouvement, qui en est le propulseur ?

Nulle réponse n'est convaincante que si elle ne procède de la volonté exprimée par chaque peuple, chaque nation elle-même. Or, la liberté d'expression de chaque peuple et sa capacité d'autodétermination face à n'importe quelle problématique essentielle pour lui s'appelle la souveraineté. Dès lors, celle-ci devient la contradiction principale du développement de ce peuple ou de cette nation. Le problème de la souveraineté n'est pas simplement une question « juridique » d'autodétermination ou de liberté d'expression ; c'est surtout celle de faire des choix pour soi et d'assumer totalement ces choix, en conscience à l'intérieur des frontières comme à l'extérieur. Voilà pourquoi la souveraineté se situe en amont de la formation de l'Etat et irrigue celle-ci en permanence pour être l'élément principal de la contradiction. A une compréhension étriquée de la souveraineté correspond toujours un Etat-croupion, formellement « indépendant » mais en réalité dépendant.

L'étude comparative que nous avons faite des économies ivoirienne et ghanéenne d'une part, et des économies pétrolières algérienne et gabonaise d'autre part, montre la corrélation entre les progrès enregistrés et la capacité de chaque société d'opérer ses propres choix. L'Algérie s'est enrichie de son pétrole alors que le Gabon s'est appauvri du sien. L'économie ghanéenne domine celle de la Côte d'Ivoire malgré les similitudes naturelles et sociologiques qui caractérisent les deux économies.

Dans le premier exemple, les deux pays sont tous les deux d'anciennes colonies françaises mais qui ont emprunté des voies différentes après l'accession à l'indépendance.

Le deuxième exemple concerne deux pays qui ont des similitudes anthropologiques et un même type de ressources naturelles, mais dont le passé colonial et le modèle qui produit celui-là diffère. L'un est une ancienne colonie anglaise et l'autre une ancienne colonie française. L'un a fait le choix de compter d'abord sur ses capacités internes, tandis que l'autre a tablé sur sa proximité avec l'ancien colonisateur.

Ce sont des particularismes qui disposent de façon limpide que celui qui a un meilleur contrôle de son infrastructure économique réalise des progrès substantiels par rapport à celui qui y exerce moins de contrôle. Sous la pression des institutions de Bretton Woods, inspirées et contrôlées par l'ultralibéralisme, des notions économiques et des secteurs stratégiques ont été combattues. L'infrastructure de base, qui forme l'essentiel des secteurs stratégiques, est passée aux mains de puissantes multinationales. En Côte d'Ivoire par exemple, le réseau routier s'est très vite dégradé depuis que son entretien est passé de l'Etat vers le privé. L'infrastructure économique stratégique se définit souverainement par chaque pays. Lorsque cette infrastructure est définie par l'Etat, un mécanisme de gestion et de contrôle, qui renforce l'autorité de la nation sur ladite infrastructure, doit être élaboré. En Côte d'Ivoire, le secteur bancaire, les secteurs d'eau d'énergie et des mines, l'infrastructure routière ainsi que le secteur agricole doivent être pris en compte dans l'infrastructure économique de base stratégique. Le contrôle parlementaire sur cette infrastructure de base doit être accru. La Sonatrach, en Algérie, malgré les critiques qui sont faites à son endroit, reste un bel exemple de gestion d'un secteur économique stratégique.

La souveraineté des peuples africains se pose donc comme condition première de leur développement.

Mais comment affirmer cette souveraineté dans un contexte de forte monopolisation des valeurs sociales ? La standardisation structurelle de la société rend inaudible tout discours sur une éventuelle remise en cause de ce qui semble être des acquis immuables pour l'oligarchie à la fois corruptive et violente. C'est en cela que le génie qui a permis au continent africain de résister à des multiples assauts, reste l'unique parade. Des préjugés doivent être vaincus et certaines chaines de l'histoire doivent se rompre pour restreindre le champ de la fatalité. Le prérequis à cette rupture avec l'ordre actuel est d'abord la prise de conscience. Comme le dit Jean Jaurès :

« Il n'y a pas de révolution sans prise de conscience de l'exploitation ».

Un autre modèle est-il possible ? Oui, nous le croyons sincèrement. Le renouveau de l'humanité est possible et il n'y a pas meilleur endroit pour l'entreprendre que l'Afrique, parce que ce renouveau marquera la fin de l'ère sombre pour ce continent à qui l'on dénie toute histoire alors qu'il est, lui-même, un pan important de l'histoire de l'humanité.

BIBLIOGRAPHIE
(Suivant l'ordre d'apparition des auteurs)

K. COSTNER, *Danse avec les loups, Tige production et Majic Films international, 1990 inspiré de l'œuvre de Michael Blake « Dances with the wolves »*. Film

J. K. KONE, *Idéologie, conscience et combat politique,* éditions L'Harmattan, 2015. Essais

W. RODNEY, *How Europ underdevelops Africa,* éditions publication panaf. Lagos 2009. Histoire, économie

MAO ZEDONG, *De la contradiction,* 1937, édition de 1967 Essaie philosophique, classiques.chez-alice.fr

F. BENYOUCEF, « L'Algérie face à la mondialisation enjeux pétroliers enjeux de développement », *CODESRIA,* Alger 2008. Article scientifique.

OCDE, *Statistiques des recettes publiques de 1965 à 2015* COFACE 2016.

JO d'Algérie n°50 du 19 juillet 2005.

M. BENCHICKH, « *La* nouvelle loi pétrolière algérienne », in *L'année du Maghreb,* 2007, article scientifique.

J. M. KEYNES, *Théorie générale de l'emploi, de l'intérêt et de la monnaie,* éditions Payot, Paris 1942. Economie

D. A. CISSE, *L'histoire économique de l'Afrique Noire, Tome III, le Moyen Age,* éditions PETATS-UNISF, Paris 1988. Histoire et Economie.

O. VAUGBAN, « Indigenous political structure and governance » in *Nigeria. Royal Bird Ventures,* Lagos, 2004, Histoire et politique.

J.P. BAT, Le *syndrome Foccart : la politique française en Afrique de 1959 à nos jours,* Editions Gallimard, Paris 2012. Politique

L. GBAGBO, *Réflexion sur la conférence de Brazzaville,* Collections études et documents africains CLE : Yaoundé, 1978. Histoire, Politique

K. MARX, *Le capital,* traduction de M.J. ROY, éditions Maurice Lachattre et compagnie, Paris 1875. Economie, Politique

A. M. MBOW, « Histoire générale de l'Afrique », éditions UNESCO 2010, article scientifique Histoire.
J. KI-ZERBO, « Histoire générale de l'Afrique », éditions UNESCO 2010, article scientifique Histoire.
O.HOUDAS: *Ta'rikh al-Sudan 1900. www.histoireafrique.net, 2012.*
O. HOUDAS et M. DELAFOSSE, *Ta'rikh al-Fattash, 1913.*
P. KIPRE, « De la question nationale en Côte d'Ivoire » in *Afrika Zamani,* numéros 11 et 12, 2003-2004, pp.64-85, article scientifique.
Le Monde.fr du 13 mai 2015.
Ministère du Plan et du Développement, *Rapport d'enquête sur la demande de transport dans le grand Abidjan,* Août 2013.
Ministère de l'Agriculture, *Rapport national sur l'état des ressources phylogénétiques pour l'alimentation et l'agriculture,* Octobre 2009.
Ministère de l'Agriculture de France, *Recensement agricole 2010 et enquête structure 2013, agreste.agriculture.gouv.fr.*
O. DIAGANA (Chef des Opérations de la Banque Mondiale en Côte d'Ivoire) in *Jeune Afrique* du 12 Novembre 2014.
W. ENGDAHL, *Le pétrole, une guerre d'un siècle ; l'ordre anglo-américain* Pluto-press, London 2004, version française traduite de l'Américain par C. Geofroy. Politique et économie.
P. KIPRE, « La crise économique dans les centres urbains en Côte d'Ivoire, 1930-1935 », in *Cahier d'études africaines,* N°61-62, 1976 P. 119-146. Article scientifique.
T. SANKARA, « Discours au 25ème sommet des pays membres de l'OUA », 29 juillet 1987 in *Thomassankara.net.*
Y. DEZALAY et B. GARTH, L*a mondialisation des guerres de palais,* Editions Seuil, Paris, 2002. Politique, Economie.
S. SOLONOU, *The confidence game: how unelected central bankers are governing the changes of world economy,* New York, 1995. Politique, Economie.
G. ABOAGYE, (Directeur général du centre ghanéen pour la promotion de l'investissement) in *« afriquechine.net »* du 4 janvier 2010. Interview.

K. K. PRAA, *The social background of coup d'Etat: Editions Centre of Advanced Studies of Africa Society (CASA),* Cape Town, 2012. Histoire, politique.
P. KIPRE, « Le concept d'intégration dans les sciences sociales et la gestion de l'action citoyenne », *Consultations UNESCO.* Article scientifique. Histoire, sociologie.

TABLE DES MATIERES

NOMIE DE LA MONDIALISATION ET DU DÉVELOPPEMENT AUX ÉDITIONS L'HARMATTAN

Dernières parutions

LE TRAVAIL NON RÉMUNÉRÉ
Enjeux pour le développement
Barbara Ky
Préface de Jacques Charmes
Le constat de l'importance du travail des femmes traduit un hiatus relatif à la manière dont l'analyse économique appréhende la contribution productive des femmes et l'intègre à la lutte contre la pauvreté. Le travail des femmes, souvent non rémunéré, est largement sous-estimé dans les pays en développement.Cet ouvrage établit le lien entre l'évolution dans la pensée économique du discours sur la pauvreté, l'intégration progressive des rôles sexués à l'analyse économique et la comptabilisation du travail non rémunéré en prenant comme cas pratique le Burkina Faso. Il propose une alternative en faveur d'un développement humain reposant sur des fondamentaux économiques soucieux d'équité.
(Coll. Éthique Économique, 270 p., 28 euros)
ISBN : 978-2-343-14685-0, EAN EBOOK : 9782140102684

AFRIQUE-OCCIDENT : LE NEW DEAL INDUSTRIEL
Stratégie et politique économique
Amos René Martin Tonye
Ce livre jette les bases d'un front commun à bâtir entre l'Afrique et l'Occident pour pouvoir stopper l'immigration clandestine qui décime la jeunesse africaine en Méditerranée et qui risque de détruire les Occidentaux. Il propose une alternative et formule des modèles économiques qui sont en adéquation avec les ressources budgétaires et naturelles des États africains pour parvenir à améliorer les facteurs de production afin de préparer une véritable industrialisation de l'Afrique et créer des emplois sur le sol africain sans provoquer ni le chômage ni l'inflation dans les économies occidentales.
(Coll. Points de vue, 342 p., 29 euros)
ISBN : 978-2-343-16004-7, EAN EBOOK : 9782140102646

DID YOU SAY FREE TRADE ?
The economic'Partnership' Agreement European Union - west Africa
Jacques Berthelot
Prefaces of Mamadou Cissokho and Ken Ukaoha - Translated by Jean Lucien Dibombe Tshamulamba
The headlong rush of the European Union (EU) in Free Trade Agreements reaches the paroxysm of absurdity when it imposes them on West Africa, whose per capita GDP is 21 times lower than its own. This Economic Partnership Agreement (EPA)

would make West Africa lose 76% of its customs revenue on its imports from the EU and lead to a sharp rise in unemployment due to the loss of competitiveness of its companies including the informal sectors.The latter will be worsened by the premature signing, with support from the EU, of the Continental Free Trade Area by 13 of 16 West African States, all this based on a number of untruths from the European Commission, as identified in this book.

(144 p., 15,5 euros)

ISBN : 978-2-343-15840-2, EAN EBOOK : 9782140100451

BOMB "N": RESSOURCES, MYSTERIES AND OPPORTUNITIES OF THE CONGO BASIN

Advocacy of Denis Sassou N'Guesso for the protection of the planet

The green vision reviewed and deepened

Michel Innocent Peya

this book is devoted to the Congo basin, the second largest reserve in the world: its natural ressources, its mysteries, legal and institutional framworks, national, subregional and international levels that protect it. The basin of Congo is an African opportunity for the whole world. its preservation and its protection over time are an action of conscience, will, commitment, determination ans sacrifies for the benefit of humanity.

(268 p., 28 euros)

ISBN : 978-2-343-15595-1, EAN EBOOK : 9782140098154

BOMBE "N" : RICHESSES, MYSTÈRES ET OPPORTUNITÉS DU BASSIN DU CONGO

Plaidoyer de Denis Sassou N'Guesso pour la protection de la planète

La vision verte revue et approfondie

Michel Innocent Peya

Cet ouvrage se consacre au bassin du Congo : ses richesses naturelles, ses mystères, les cadres juridiques et institutionnels nationaux, sous-régionaux et internationaux qui le protègent. Sa préservation et sa protection sur la durée sont une action de conscience, de volonté, d'engagement, de détermination, et des sacrifices pour l'intérêt de l'humanité. La nature ne peut se défendre seule, le bassin du Congo trouve parmi ses fils amoureux de la nature un porte-parole dans la personne du président de la République du Congo, Denis Sassou N'Guesso.

(280 p., 28 euros)

ISBN : 978-2-343-15369-8, EAN EBOOK : 9782140095634

VOUS AVEZ DIT LIBRE ÉCHANGE ?

L'Accord de "Partenariat" économique Union européenne - Afrique de l'Ouest

Jacques Berthelot

Préfaces de Mamadou Cissokho et Ken Ukaoha

La fuite en avant de l'Union européenne (UE) dans des Accords de libre-échange atteint le summum de l'absurdité en les imposant à l'Afrique de l'Ouest dont le PIB par tête est vingt-et-une fois inférieur au sien. Cet accord de "Partenariat" Economique (APE) lui ferait perdre 76% de ses recettes douanières sur ses importations de l'UE et entraînerait une forte montée du chômage par la perte de compétitivité de ses entreprises. Dans ce contexte il est très utile d'analyser les multiples manoeuvres et contre-vérités utilisées par la Commission européenne pour imposer l'APE de l'AO et les APEi de Côte d'Ivoire et du Ghana.

(160 p., 17,5 euros)

ISBN : 978-2-343-15043-7, EAN EBOOK : 9782140092794

LA FISCALITÉ DE DÉVELOPPEMENT EN AFRIQUE DE L'OUEST FRANCOPHONE

Nicaise Médé, Errol Toni

Cet ouvrage examine comment l'impôt fait un bon arrimage avec les plans de développement accéléré des Etats. Il fait ressortir comment l'articulation entre les systèmes de taxation et les mécanismes productifs est réalisée. Comment l'impôt n'est pas un frein mais un adjuvant pour l'investissement, le travail productif et l'emploi sans oublier la protection de l'environnement dans une perspective de développement durable.

(Coll. Harmattan Sénégal, 108 p., 12,5 euros)

ISBN : 978-2-343-14871-7, EAN EBOOK : 9782140090899

SURVIVRE À LA GLOBALISATION

Les stratégies incertaines des petits États

Mourad Chabbi

Dans l'étude des Relations internationales, la définition de l'expression « petits États » ne fait pas l'objet d'un consensus car les États désignés par ce « qualificatif » ne forment pas une catégorie homogène. Cependant, ces acteurs internationaux ont une caractéristique commune : un monopole normatif et militaire leur permettant une domination financière, diplomatique, idéelle et militaire au sein du système international. Cet ouvrage ambitionne de porter un regard critique sur leurs stratégies. (Guinée Équatoriale, Israël, Suisse, Lituanie, Monarchies du Golfe, Liban).

(208 p., 21,5 euros)

ISBN : 978-2-343-14897-7, EAN EBOOK : 9782140090288

LA DIPLOMATIE ÉCONOMIQUE DE LA CORÉE DU SUD

Quelles leçons pour l'Afrique ?

JOACHIM TEDIE

Préface de Jean Emmanuel Pondi

Lors des indépendances (1960), la Corée du Sud et le Cameroun avaient pratiquement le même niveau de développement. Près d'un demi-siècle plus tard, la Corée du Sud a su s'imposer au point d'être un exemple de diplomatie économique. Comment un peuple est capable, dans une relative confiance en sa culture, de se hisser dans les hautes sphères de l'économie mondiale ? L'Afrique fait-elle des mauvais choix de coopération économique ?

(Coll. Harmattan Cameroun, 146 p., 17 euros)

ISBN : 978-2-343-14784-0, EAN EBOOK : 9782140089299

ENVIRONNEMENT ET QUARTIERS POPULAIRES

Paroles, pratiques, initiatives d'habitants

Denis Blot, Johanna Descoings et Christian Fabry

La question de l'environnement s'arrête-t-elle aux frontières des quartiers d'habitat social ? Que disent les occupants de la façon dont ils investissent leur espace ? Ces paroles et ces expériences révèlent que, dans les quartiers populaires, des habitants exercent un « pouvoir d'agir » actionnant en même temps les ressorts de l'environnement et de la solidarité. Il y a là des chemins d'innovation sociale d'un grand intérêt.

(Coll. Villes en mouvement, 240 p., 17 euros)

ISBN : 978-2-296-12098-3, EAN EBOOK : 9782140088964

THE BLUE FUND

Mechanism of financing and management of the Congo Basin for the protection of the global environment

Michel Innocent Peya

This book is about the Blue Fund Program, created at the inititive of the African head of States, with the purpose of protecting the Congo Basin against climate warming. It explains the opportunities initiated and the challenges this project will face. The book constitutes a true advocacy for the preservation of the Congo Basin, that needs the support of world leaders and influencers.

(236 p., 25 euros)

ISBN : 978-2-343-14443-6, EAN EBOOK : 9782140078576

LE FONDS BLEU

Mécanisme de financement et de gestion du Bassin du Congo pour la protection de l'environnement mondial

Michel Innocent Peya

Le programme du Fonds bleu, créé à l'initiative des chefs d'État d'Afrique a pour objectif de protéger le Bassin du Congo contre le réchauffement climatique. Paraphrasant Denis Sassou N'Guesson, l'auteur dénonce le poids des dégâts de l'exploitation irrationnelle et abusive de la planète et plaide pour que ce 2ème poumon mondial de réserve d'eau et de forêt fasse partie du patrimoine écologique de l'humanité - pour un avenir prometteur.

(260 p., 26 euros)

ISBN : 978-2-343-14178-7, EAN EBOOK : 9782140065019

EXPLOITATION PÉTROLIÈRE ET MUTATIONS SPATIO-ÉCONOMIQUES DANS LE LOGONE ORIENTAL (TCHAD)

Vincent Moutedé-Madji

Préface de Géraud Magrin

Le Logone oriental à 80% agricole subit depuis 2000 les mutations spatiales liées aux infrastructures du projet pétrolier de Doba. Il en résulte des conflits fonciers entre les différents acteurs et avec la population de la zone productrice qui n'a pas pu profiter de la manne pétrolière. Ce livre analyse le contact entre un système pétrolier on-shore et son espace dans le contexte tchadien. Un nouveau plan de gestion de l'environnement et l'actualisation du plan de développement local de la région productrice est nécessaire pour être viable à l'avenir.

(Coll. Études africaines, 420 p., 39 euros)

ISBN : 978-2-343-08658-3, EAN EBOOK : 9782140057953

Structures éditoriales du groupe L'Harmattan

L'Harmattan Italie
Via degli Artisti, 15
10124 Torino
harmattan.italia@gmail.com

L'Harmattan Hongrie
Kossuth l. u. 14-16.
1053 Budapest
harmattan@harmattan.hu

L'Harmattan Sénégal
10 VDN en face Mermoz
BP 45034 Dakar-Fann
senharmattan@gmail.com

L'Harmattan Cameroun
TSINGA/FECAFOOT
BP 11486 Yaoundé
inkoukam@gmail.com

L'Harmattan Burkina Faso
Achille Somé – tengnule@hotmail.fr

L'Harmattan Guinée
Almamya, rue KA 028 OKB Agency
BP 3470 Conakry
harmattanguinee@yahoo.fr

L'Harmattan RDC
185, avenue Nyangwe
Commune de Lingwala – Kinshasa
matangilamusadila@yahoo.fr

L'Harmattan Congo
67, boulevard Denis-Sassou-N'Guesso
BP 2874 Brazzaville
harmattan.congo@yahoo.fr

L'Harmattan Mali
Sirakoro-Meguetana V31
Bamako
syllaka@yahoo.fr

L'Harmattan Togo
Djidjole – Lomé
Maison Amela
face EPP BATOME
ddamela@aol.com

L'Harmattan Côte d'Ivoire
Résidence Karl – Cité des Arts
Abidjan-Cocody
03 BP 1588 Abidjan
espace_harmattan.ci@hotmail.fr

L'Harmattan Algérie
22, rue Moulay-Mohamed
31000 Oran
info2@harmattan-algerie.com

L'Harmattan Maroc
5, rue Ferrane-Kouicha, Talaâ-Elkbira
Chrableyine, Fès-Médine
30000 Fès
harmattan.maroc@gmail.com

Nos librairies en France

Librairie internationale
16, rue des Écoles – 75005 Paris
librairie.internationale@harmattan.fr
01 40 46 79 11
www.librairieharmattan.com

Librairie l'Espace Harmattan
21 bis, rue des Écoles – 75005 Paris
librairie.espace@harmattan.fr
01 43 29 49 42

Lib. sciences humaines & histoire
21, rue des Écoles – 75005 Paris
librairie.sh@harmattan.fr
01 46 34 13 71
www.librairieharmattansh.com

Lib. Méditerranée & Moyen-Orient
7, rue des Carmes – 75005 Paris
librairie.mediterranee@harmattan.fr
01 43 29 71 15

Librairie Le Lucernaire
53, rue Notre-Dame-des-Champs – 75006 Paris
librairie@lucernaire.fr
01 42 22 67 13

www.ingramcontent.com/pod-product-compliance
Lightning Source LLC
LaVergne TN
LVHW011032061026
849535LV00006B/2069
9782343159911